Elli H. Radinger (Hrsg.)

Mit Beiträgen von Günther Bloch, Diane Boyd, Dr. Erich Klinghammer, Dr. Erik Zimen u.a.

# Mit dem Wolf in uns leben

## Das Beste aus zehn Jahren WOLF MAGAZIN

VON DÖLLEN

Die Herausgeberin:

Elli H. Radinger, geb. 1951, ist Juristin und gründete vor zehn Jahren gemeinsam mit Günther Bloch die "Gesellschaft zum Schutz der Wölfe e.V.", deren Vorsitzende sie viele Jahre war. Seit 1986 arbeitet sie als Wissenschaftsjournalistin mit Schwerpunkt Wolf/Hund. Sie ist Herausgeberin des Wolf Magazins und lebt in Deutschland und den USA.

If you talk to the animals they will talk with you
and you will know each other.
If you do not talk to them you will not know them,
and what you do not know you will fear.
What one fears one destroys.

- Chief Dan George -

Für Alexa, die mit den Wölfen sprach

# Inhalt

## Wolfsvernichtung



## Kurzgeschichten

## Kojoten



## Wölfe allgemein

Liebe Leser, liebe Wolfsfreunde!

In diesem Jahr, dem Jahr 2001, feiert das Wolf Magazin seinen zehnten Geburtstag.

Als 1991 die ersten "Wolf News" (so hieß das WM damals noch) erschienen, waren es noch sechs DIN A4 Schreibmaschinenseiten mit Informationen über den Wolf, die mangels offizieller Berichte über deutsche Wölfe, fast alle aus den USA kamen. Das Infoblatt sollte damals die wenigen Mitglieder der "Gruppe Lupus" informieren, deren Vorsitzende ich war.

Heute, zehn Jahre später, hat sich viel verändert. Die "Gruppe Lupus" ist zur "Gesellschaft zum Schutz der Wölfe e.V." mit mehreren hundert Mitgliedern geworden. Ich habe mein Vorstandsamt vor einem Jahr niedergelegt, um mich mehr dem Schreiben widmen zu können. Und die "Wolf News" haben sich zur 60-seitigen Hochglanz-Zeitschrift entwickelt, die inzwischen von jedem abonniert werden kann und drei mal jährlich an Leser in Europa und Nordamerika verschickt wird.

So wie sich das Wolf Magazin in den letzten zehn Jahren weiter entwickelt hat, hat sich auch die Einstellung der Bevölkerung zum Wolf geändert. Mit der Öffnung der Grenzen in Deutschland und der Rückkehr der Wölfe, sind auch die Menschen offener und empfänglicher für den Wolf geworden.

In dem vorliegenden Buch habe ich eine Auswahl der besten Artikel aus zehn Jahren Wolf Magazin zusammen gestellt. Bei ihrer Auswahl habe ich lange überlegt, ob ich den Bericht „Wie man einen Wolf tötet“ auch einfügen soll. Eigentlich sollten hier nur die wirklich „schönsten“ Geschichten aus dem Wolf Magazin erscheinen. Aber ich glaube, dass wir uns manchmal die Grausamkeiten der Wolfsjagd vor Augen führen müssen, damit wir mit noch mehr „Feuer im Herzen“ gegen die Wolfsjagd und für den Erhalt dieser wunderschönen Tiere kämpfen können.

Ich danke allen Autoren und Verlagen für die Abdruckgenehmigung und wünsche mir, dass dieses Buch dazu beiträgt, unser aller Liebe zum Wolf an die Leser weiterzugeben.

Elli H. Radinger, August 2001

## Warum Wölfe retten, wenn Menschen sterben?

Von Dr. Erich Klinghammer

Der Anblick eines hungrigen Kindes rührt an das Herz von uns allen, die wir Mitleid empfinden. Und dennoch bitten wir Sie hier, den Wolf zu unterstützen, den historischen Konkurrenten des Menschen bei der Jagd und den Mörder seiner Haustiere.

In der heutigen Welt, wo Bevölkerungsexplosion, Hungersnöte und Kriege an unserem Planeten rütteln, scheint es außer Frage, auch nur einen Gedanken an den Schutz des Wolfes zu verschwenden. Wenn wir eine Auswahl treffen müssten, wem wir helfen, und wir werden vor die Frage gestellt: „Wer ist wichtiger, ein Kind oder ein Wolf?", dann antworten wir: „Das Kind natürlich." In gewissem Sinne ist dies wahr. Aber es gibt eine andere, wichtige Überlegung, die die Frage in einen größeren Zusammenhang stellt. Wenn die Völker dieser Welt mit einer ähnlichen Lebensqualität überleben sollen, wie viele von uns sie jetzt besitzen, und nach der andere Nationen immer noch streben, dann müssen wir zurücktreten und eine Lektion von den Wölfen lernen.

Wenn wir auch in der Zukunft mit menschlichen Angelegenheiten intelligent umgehen wollen, dann müssen wir auf die Wildnisgebiete schauen, die noch von menschlichen Aktivitäten unberührt sind. Wir müssen sie erhalten, damit wir das komplexe Netz des Lebens in einem gesunden Ökosystem studieren können. Mit diesem Wissen können wir dann weiser mit unserem Land in den verschiedensten Stadien der Zerstörung umgehen. Wildnisgebiete bieten einen Standard, an dem wir unsere eigene, sich ständig verändernde Umwelt messen können.

Wildnis ist für die meisten Menschen ein fremder Begriff, und nur wenige haben sie erfahren. Sie ist die Heimat von Elch, Karibu, Biber und Bison. Und sie ist auch die Heimat des Wolfes, für den diese grasenden Wanderer eine Nahrungsgrundlage bilden. Diese Beutetiere könnten durchaus ohne den Wolf leben. Aber wir haben gelernt, dass die Herden gesünder sind, wenn Wölfe ihre Anzahl klein halten, indem sie die Schwachen und Kranken töten. Wölfe vernichten niemals eine ganze Herde, die für sie Futter bedeutet. Der Wolf und seine Beute werden so lange zusammen leben, wie es Land und Vegetation gibt, sie zu ernähren.

Isle Royale im Lake Superior in Michigan ist ein amerikanischer Nationalpark, in dem seit über 30 Jahren das Verhalten Wolf-Beute untersucht wird. Während die Zahlen von Wolf, Elch und Biber fluktuieren, hat sich im Lauf der Zeit eine Art dynamisches Gleichgewicht innerhalb der Wolfszahlen entwickelt, die seit Beginn der Untersuchungen zwischen 18 und 50 pendeln. Hier auf Isle Royale zeigt sich in aller Einfachheit, wie das ökologische Gleichgewicht der Natur funktioniert.

Bevor die Wölfe über den zugefrorenen See von Kanada auf die Isle Royale kamen, gab es dort etwa 2.000 Elche, die sich in den verschiedensten Stadien des Verhungerns befanden. Kojoten ernährten sich von deren Überresten. Es gab nicht mehr genügend Vegetation, um die vielen Elche zu ernähren. All dies veränderte sich, als an einem kalten Wintertag im Jahr 1949 ein Rudel Wölfe seinen Weg auf die Insel fand. Nach dem Ende des ersten Forschungsabschnittes, 1969, fanden die Wissenschaftler ungefähr 1.000 Elche, 18 Wölfe und eine gesunde Vegetation. Die Kojoten waren verschwunden.

Die Bedeutung der Studien von Isle Royale liegt darin, dass sie uns mit einem Modell für unser „Raumschiff Erde" versorgen. Um eine hohe Lebensqualität für alle Menschen wiederzuerlangen und zu erhalten, müssen wir, wie die Tiere auf Isle Royale, innerhalb unserer Grenzen leben und damit aufhören, unsere Bodenschätze zu zerstören und auszubeuten. Das ist die einfache und zwingende Lektion, die wir von der Wildnis lernen müssen.

Menschen haben trotz der Kraft ihrer Vernunft nicht die instinktive Weisheit der Wölfe. Wir sind bereits auf dem Weg, unsere nicht erneuerbaren Bodenschätze, von denen die moderne Gesellschaft abhängig ist, zu erschöpfen. Und die Schätze, die sich wieder erneuern, können vermutlich nicht mehr länger die gegenwärtige menschliche Bevölkerung ernähren. Im Gegensatz zum Wolf, dessen soziale Kontrolle innerhalb des Rudels die Zeugungsfähigkeit limitiert, haben die Menschen keine inneren Mechanismen, ihre Anzahl zu kontrollieren. Wir haben die Wahl zwischen Hunger, Krankheit und Krieg. Vernunft hat keine Macht über menschliche Gier und Ignoranz, den treibenden Kräften hinter der Ausbeutung unseres Landes. Wenn wir weiter so leben, dann liegt vor uns steigender Wohlstand für diejenigen, die ihn noch genießen können, und zunehmendes Elend für den Rest. Das Raumschiff Erde ähnelt in vielen Gegenden schon Isle Royale, bevor die Wölfe ankamen.

Wir müssen lernen, unsere Gier zu zügeln. Wir müssen erkennen, dass Erziehung unsere eigene Hoffnung ist. Aber es muss eine besondere Art der Erziehung sein. Eine, die uns inspiriert, mit Erfurcht, Staunen und Wertschätzung auf die Welt, in der wir leben, zu schauen. Und wir müssen auch erkennen, dass das Raumschiff Erde unsere einzige Heimat ist, und dass es keinen Augenblick länger misshandelt werden darf. Statt dessen sollten wir unsere Vernunft nutzen, das Leid zu verringern, und unser Wissen einsetzen, die Bevölkerungszahlen zu reduzieren. Wir müssen lernen, von den erneuerbaren Bodenschätzen zu leben, so dass wir wenigstens eine Chance haben, die Lebensqualität für uns alle zu verbessern. Die Wissenschaft hat uns das Wissen und die Werkzeuge gegeben, aber die Weisheit, es zu nutzen, kommt von anderen Dingen.

Wir werden diesen Kampf gegen Bevölkerungsexplosion und Zerstörung unserer Erde vielleicht nicht gewinnen; aber viele arbeiten schon dran, die Welle der Zerstörung anzuhalten und zurückzurollen. Wir möchten das, was wir gelernt haben, mit anderen Menschen teilen, und laden sie ein, an unserer Vision einer besseren Zukunft teilzuhaben. Der Wolf ist unser Symbol und unser Verbündeter in diesem Kampf. Wir werden dafür kämpfen, um ihn in dieser Welt zu retten und um das Leben der Wölfe in Gefangenschaft – als Botschafter ihrer wilden Brüder – zu verbessern. Wie Dr. Allen in seinem Buch „Die Wölfe von Minong“ sagte: „Der Elch und der Wolf brauchen niemanden, um zu überleben, nur einen Platz, um in Ruhe gelassen zu werden.“

Wir wollen darauf hinarbeiten, ihnen diesen Platz zu garantieren.

*(Dr. Erich Klinghammer ist wissenschaftlicher Berater der Gesellschaft zum Schutz der Wölfe, Ethologe und Direktor der North American Wildlife Park Foundation. Ihm untersteht Wolf Park, ein einzigartiger Studien- und Forschungspark in Indiana, USA)*

*(Wolf Magazin Winter 1992)*

# Wolf und Mensch
## Eine lange Geschichte von Freundschaft und Feindschaft

Von Dr. Erik Zimen

Unter den Tieren ist der Wolf eine Ausnahmeerscheinung. Abgesehen vom Menschen hat kein Säugetier eine größere, natürliche Verbreitung. Von der hohen Tundra im Norden bis in den Regenwald des Südens, im Hochgebirge wie in der Steppe, in den letzten Wildnisregionen unserer Erde wie auch in unmittelbarer Nachbarschaft zum Menschen – überall kommt er zurecht, als Großwildjäger oder Müllverwerter, als Einzelgänger ebenso wie im großen Rudel. Seine Anpassungsfähigkeit steht nur der des Menschen nach, hinsichtlich seiner innerartlichen Variation übertrifft er diesen sogar. Es gibt rein weiße und völlig schwarze Wölfe, rotbraune und eben auch die grauen bei uns. Es gibt Wölfe, die ausgewachsen keine 20 kg wiegen und andere, weiter nördlich, die viermal so schwer sind.

In der Tat, kein Tier steht in Bezug auf Ernährungs- und Lebensweise dem Menschen näher. Als opportunistischer Jäger besetzt der Wolf die gleiche ökologische Nische wie einst unsere steinzeitlichen Vorfahren. Wie diese lebt er bevorzugt in der Großfamilie mit mehreren Generationen zusammen. Und ebenso verteidigt auch er sein Revier gegen fremde Eindringlinge.

So lebten beide Jäger über lange Zeit neben- und wohl zum Teil auch voneinander. Die Wölfe plünderten regelmäßig die Abfallhaufen der Menschen und hielten deren Lager dadurch sauber. Und umgekehrt konnten die Menschen sicher manch einmal den Wölfen ihre Beute abtrotzen und so Nahrungsengpässe überstehen. Ein Bündnis auf Gegenseitigkeit, wenn auch der Dominantere von beiden damals schon fest stand – der Mensch.

Zum Ende der letzten Eiszeit, vor ungefähr fünfzehntausend Jahren, bekam diese lockere Verbundenheit zwischen Mensch und Wolf auf einmal eine neue Dimension. Irgend wer begann kleine Wolfswelpen aufzuziehen. Vermutlich war es eine Frau, denn nur sie verfügte damals über die für die Welpen lebensnotwendige Milch. Andere Haustiere gab es noch nicht. So legte sie die Welpen an ihre Brust, zähmte sie und ließ sie danach in ihrer Hütte zusammen mit ihren eigenen Kindern aufwachsen. Aus dem wilden Wolf wurde der Hauswolf und aus diesem viele Generationen später unser erstes Haustier – der Hund.

Damit begann eine lange und erfolgreiche Freundschaft. Bald jagten sie auch gemeinsam, und zwar so geschickt, dass viele Wildtierarten immer seltener wurden. Auf der Suche nach neuen Jagdgründen drangen sie gemeinsam auf neue Kontinente und in immer entferntere Regionen der Erde vor und besiedelten zu Ende der Eiszeit schließlich nahezu die ganze Erde.

Bis auf wenige Ausnahmen gab es seitdem keine menschliche Kultur ohne Hunde. Ja, mehr noch, mit dem Hund als Vorbild wurden vielerorts neue Haustiere domestiziert und damit die größte Kulturrevolution aller Zeiten eingeleitet: die Weiterentwicklung des Menschen vom Jäger und Sammler zum Bauern und Hirten.

Ob dieser folgenschwere Entwicklungsschritt am Ende für Hund und Mensch gut war, wird erst die Zukunft erweisen. Für den dritten im Bunde jedoch, für den wild gebliebenen Wolf, waren die Folgen fatal. Denn er wurde jetzt zum Konkurrenten für Jäger und Hund um schwindende Beute und zudem für den Bauern und Hirten zum schlimmsten Feind.

Trotzdem dauerte es noch viele Jahrtausende, bis dem Wolf das ganz und gar negative Erscheinungsbild zugesprochen wurde, wie wir es heute kennen, bis zum Verführer kleiner Mädchen mit rotem Käppchen, zum gefräßigen Wüstling, zur gefährlichen Bestie. Bei vielen nordamerikanischen Indianerstämmen galt er als Symbol der Schöpfung und der ethnischen Identität. Auch Dschingis-Khan soll nach der „ Geheimen Geschichte der Mongolen" von einem Wolf abstammen. In der Mythologie der Germanen begleiten zwei Wölfe Odin, den höchsten Gott, und schützen ihn vor allen Gefahren. Und das alte Rom schließlich wurde der Sage nach von Romolus und Remus gegründet, die ihr Leben einer Wölfin verdanken. So gilt in Italien bis zum heutigen Tag die Wölfin als Symbol mütterlicher Liebe und Aufopferung.

Zum Symbol des Bösen wurde der Wolf bei uns erst zu Beginn des Mittelalters. So forderte Karl der Große von seinen Rittern nicht nur den bedingungslosen Kampf gegen die heidnischen Sachsen, sondern auch gegen den Wolf. Und dieser Krieg dauerte länger als der zur Einigung des Reiches. So geht die heute noch bestehende Louveterie in Frankreich auf die vor mehr als tausend Jahren eingeführten Wolfsjäger des Kaisers zurück. Heute haben sie, nach ihrem totalen Sieg über den Wolf, naturgemäß andere Aufgaben übernommen. Doch damals galt es, Wild und Haustiere gegen die Wölfe zu schützen. Denn mit der zunehmenden Entwaldung Mitteleuropas und dem enormen Jagddruck des Adels auf das Wild blieb den Wölfen nichts anders übrig, als sich an den wenigen Haustieren der Bauern schadlos zu halten.

Wenn auch das Problem vom Menschen selbstverschuldet war, der Hass und die Angst der Menschen vor dem Wolf der damaligen Zeit sind verständlich. Es ging um die Existenzgrundlage ganzer Familien, wenn Wölfe wieder einmal in die Weiler, in Stall und Weiden eindrangen. Und sicher haben sie dabei nicht immer nur Haustiere gerissen, sondern auch mal ein Kind in den Wald geschleppt.

Doch nicht einmal in dieser Zeit war das Bild vom Wolf einheitlich schlecht. In unzähligen Fabeln galt Isegrim vielmehr als tölpelhafter Trottel, der immer wieder von dem kleineren, aber so viel schlaueren Reineke überlistet wurde. Erst Jahrhunderte später wurde er zum wirklichen Handlanger des Teufels, zur Inkarnation des Bösen schlechthin. Es war die unruhige Zeit der Reformation und der Gegenreformation, langer Kriege und vielen Elends auf dem Lande, als unzählige Frauen der Hexerei beschuldigt wurden, und auch sehr viele Männer als überführte Werwölfe ihr Leben auf dem Scheiterhaufen lassen mussten. Wie immer hat man es auch damals verstanden, unliebsame Randgruppen für die Probleme der Zeit verantwortlich zu machen. Und zu diesen Randgruppen gehörten, nach mehr als tausendjähriger Verfolgung, inzwischen auch die Wölfe. Mitte letzten Jahrhunderts waren sie dann aus Mitteleuropa praktisch verschwunden.

So spiegelte unsere Einstellung zum Wolf unsere Beziehung zur Natur allgemein wieder, die wiederum im Wesentlichen durch den Entwicklungsstand unserer Natur beherrscht wird. Deshalb mag es nicht verwundern, dass das Wolfsbild sich in letzter Zeit wieder langsam wandelt. Schon bei Jack London ist der Wolf nicht mehr der rohe Bösewicht der Vergangenheit, sondern König der uns noch verbliebenen Natur weit entfernter nördlicher Wälder. Es war eben die Zeit frühkapitalistischer Ausbeutung und Machtentfaltung als, frei nach Charles Darwin, das Recht des Stärkeren propagiert wurde. Und so verwundert es auch nicht, dass ebenfalls die Nazis den Wolf in diesem Sinne missdeuteten und dem (Rudel-)Führer zusprachen. Und ebenso folgerichtig ist in unserer Zeit wahrlich bedrohlicher Naturzerstörung die neuerliche Wolfsromantik. Der Wolf ist heute „in". Insbesondere in der Mittelschicht der eingeengten städtischen Grüngürtel. Hier kommt eine diffuse Sehnsucht nach unberührter Wildnis zum Tragen, die Abkehr vom tristen Alltag mit all seinen Beweisen für die Unzulänglichkeit des Menschen. Nur an seinen Wurzeln, in der Natur, sei der Mensch gut. Und an diesen Wurzeln steht eben auch der Wolf – nicht ganz zu Unrecht, wie wir wissen.

Nach beispielloser Verfolgung ist der Wolf heute aus großen Teilen seines einstigen Verbreitungsgebietes in Nordamerika und Europa verschwunden. In den letzten Jahren aber beobachten wir eine erneute Zunahme der Wolfspopulation in einigen seiner verbliebenen Rückzugsgebiete, und als Folge davon eine Wiederbesiedelung der Gebiete, die bereits lange wolfsfrei waren; so in Spanien, den nördlichen Apenninen Italiens, in den Seealpen Frankreichs, in Mittelschweden und neuerdings auch in Deutschland. Erste Wölfe siedeln bereits im Bayerisch-Böhmischen Wald und seit einigen Jahren dringen immer wieder Wölfe aus Polen über die Oder nach Brandenburg ein. Vereinzelt treten auch Wölfe in den Vogesen auf, in Österreich und in den letzten Jahren mehrmals auch in der Schweiz.

Die Ursache für diese erneute Ausbreitung des Wolfes liegt zum einen im Wandel der Land- und Waldnutzung in vielen Regionen Europas begründet, zum anderen aber auch im bereits erwähnten Wandel der Einstellung zum Wolf selbst. Dieser ist eher im städtisch geprägten und ökologisch sensibilisierten Teil der Bevölkerung zu beobachten, während in ländlich-agrarisch geprägten Bevölkerungsschichten weiterhin das alte Angst-Feindbild vorherrscht. Entsprechend kontrovers und heftig sind überall die Reaktionen auf die Wiederkehr des Wolfes.

Für die einen ist der Wolf zum Hoffnungsträger für eine nicht völlig vom Menschen bestimmte Umwelt geworden, zu einem Symbol für das abenteuerlich Unberechenbare in der Natur bis zu einer neuromantischen Zivilisationsabkehr und vermeintlich neuer Spiritualität.

Für die anderen ist seine Wiederkehr ein Rückfall in menschliche Abhängigkeit von der Natur und ihren dunklen Kräften, der Wolf ein Konkurrent des Menschen, Feind und Schädling seiner wirtschaftlichen Interessen.

Vom Ausgang dieser Auseinandersetzung hängt nicht nur die Zukunft des Wolfes ab. Es sind wir selber, die am Scheideweg stehen.

Entweder wir akzeptieren den Wolf als einen unverzichtbaren Teil unser aller Natur, oder wir werden ihm nur um einige Jahre versetzt in den Untergang folgen.

*(Wolf Magazin 1/1996)*

# Mit dem Wolf in uns leben
## Psychologische Aspekte der Wolfsfolklore

Von Elli H. Radinger

Wenige werden abstreiten, dass, wenn es um den Fortbestand des Wolfes geht, der Einfluss menschlicher Einstellungen ausschlaggebender ist als rein wirtschaftliche Faktoren. Für die meisten Menschen war der Wolf nicht nur ein zu fürchtender Nahrungskonkurrent, sondern auch das Hauptsymbol einer ungezähmten Natur, der Wildnis, die den menschlichen Fortschritt verhindert. Von dem Wort „Wolf" überschattet werden so viele negative menschliche Assoziationen, dass das Tier selber hinter seinem Namen verschwindet. In der modernen, städtischen Gesellschaft, die schon längst ihren Kontakt zu den Tieren verloren hat, bezieht sich das Wort nur auf einen Haufen menschlicher moralischer Fehler, wie zum Beispiel unersättlicher Hunger, Lust, Gier und Betrug. Warum haben wir dieses Tier zur Fundgrube aller negativen Qualitäten gemacht? Und was bedeutet es, dass wir nun ein Interesse daran haben, den Wolf zurückzubringen? Obwohl viel des traditionellen Hasses und der Verfolgung der Wölfe mit den wirtschaftlichen Verlusten, die wir durch sie erlitten haben, in Verbindung gebracht wird, möchte ich mich auf einige der dunklen, psychologischen Untermauerungen dieser Feindschaft konzentrieren. Sicherlich ist der erste Schritt, um unsere Gefühle für Wölfe zu verbessern, eine Unterscheidung zwischen den Tieren selber und den symbolischen Fantasie-Tieren, die wir erfunden haben. Aber dies ist keine einfache Aufgabe.

Statt das Erscheinen und Verhalten von Tieren als Anpassung an ihre Umwelt zu verstehen, neigen die Menschen dazu, Tiere mit menschlichen Attributen und moralischen Qualitäten zu versehen. Wir sagen, sie sind schön oder hässlich, gut oder schlecht. Indem wir die Tiere vermenschlichen, können wir versteckte Urteile über uns selbst aussprechen. Menschen als Schweine, Ratten, Schlangen oder Wölfe zu bezeichnen, verzerrt nicht nur das Vertrauen zu diesen Tieren, sondern es ist auch ein indirekter Weg, die unangenehmen Aspekte von uns selbst zu kommentieren, ohne in den Spiegel schauen zu müssen. Der offensichtliche Mangel an moralischen Hemmungen, den wir in den Tieren sehen, macht sie zu guten Metaphern für Menschen, die kulturell definierte moralische Grenzen überschreiten.

In unserer Gesellschaft sind die Grenzen zwischen Gut und Böse traditionell gezogen worden durch die Wechselbeziehung von dem, was zivilisiert und dem, was als wild angesehen wird. Wildnis bedeutet nach der Definition des Lexikons: „Das Fehlen von moralischen oder sozialen Schranken." Was wild ist, ist ohne Regeln, irrational, unvorhersehbar, außer Kontrolle. In diesem Zusammenhang bezieht sich das Wort „wild" auf beides, das Chaos der Natur außerhalb unseres Einwirkungsbezirkes und unser eigenes, ungeregeltes, biologisches Bedürfnis. Was für uns zivilisiert bedeutet, ist auf der anderen Seite rationale Kontrolle unserer Impulse und die Herrschaft über die Kräfte der Natur

Tiere im Allgemeinen dienen als Symbol für die Wildnis in uns, die sich dem rationalen oder moralischen Fortschritt in den Weg zu stellen scheint. Die Tiere, die in unserer Hierarchie der emotionalen Beurteilungen am negativsten erscheinen, sind diejenigen, denen wir am meisten einen Mangel an sozialen oder moralischen Hemmungen unterstellen. Unsere Antipathie gegenüber diesen Tieren reflektiert unsere Angst über die Ausdehnung unserer eigenen Selbstkontrolle. Wenn wir Menschen als „Tiere" bezeichnen, meinen wir damit, dass sie triebhaft, zügellos, unsauber, ruhelos und grausam sind.

Wölfe sind der Urtyp des wilden Tieres mit allen Bedeutungen, die das Wort „wild" für uns im Sinne von ungezähmtem, moralischem Verhalten hat. Als Ergebnis haben Wölfe seit über 2.500 Jahren als Metapher für unsere eigenen kriminellen Bedürfnisse und grausamen Wünsche gedient. Ein Autor, der 1930 über Werwölfe schrieb, erklärte, dass „die besonderen Kennzeichen des Wolfes... ungezähmte Grausamkeit, bestialische Wildheit und gieriger Hunger sind... Er ist das Symbol der Nacht und des Winters, von Krisen und Sturm und ein dunkler Vorbote des Todes."

In der Bibel ist der Wolf das Sinnbild für Verrat: „Hütet euch vor falschen Propheten, die in der Kleidung eines Schafes zu euch kommen, innerlich aber gierige Wölfe sind."

Homer beschrieb den Wolf in der Ilias als ein Symbol von Wildheit und außerordentlich bösem Appetit, von grausamer, verschlingender Lust. Äsop präsentierte den Wolf in seinen Fabeln zur Erbauung von Kindern als grundsätzlich unintelligent, gierig, leichtgläubig, frech und moralisch korrupt. Im Lateinischen bedeutet die Bezeichnung *lupa* „ Wölfin" und bezog sich auf Prostituierte, die hinter ihrer Beute her waren; *lupo* beschrieb männliche Wüstlinge. Es bezog sich auch auf ungerechte Edelmänner, die die Armen schröpften. Vermutlich wird die Bürde menschlicher Unmoral, die der Wolf trägt, am besten zusammengefasst in der Beschreibung von Barry Lopez:

„Als man den Wolf auf den mittelalterlichen Schlachtfeldern Aas fressen sah, wurde er beschimpft, weil man davon ausging, dass er ausreichend intelligent war, um zu wissen, dass das, was er tat, falsch war, es aber dennoch tat. Der Inbegriff des Sünders.

Shakespeare stellte die verschiedenen Wünsche des Menschen dar als „wölfisch, blutig, verhungert und gefräßig". In einer prägnanten Enthüllung des Wolfes als ein Symbol der Wildnis, die wir Menschen unterdrücken sollten, beschrieb er:

„Da alles in Ordnung ist, lasst es so sein. Weckt nicht einen schlafenden Wolf."

Was ist dran an dem Wolf, das ihn zu so einem fruchtbaren Boden macht für unsere beunruhigenden Charakterzüge? Sicherlich ist es von Bedeutung, dass er in der gemäßigten Umwelt des Westens das einzige große, soziale Raubtier ist. Somit ähnelt er uns auf viele Art und Weise: mit seinen scharfen Sinnen und seinen klaren, intelligenten Augen, voller natürlicher Weisheit und Neugier; seine Fähigkeit, schnell zu lernen und sich gut zu erinnern; sein komplexes, ausdrucksvolles Repertoire, das es ihm ermöglicht, in zusammenhangenden Gruppen zu leben und verschiedene soziale Aktivitäten zu koordinieren. Wölfe leben in einem großen Territorium und ernähren sich von einer Vielzahl von Tieren, aber – wie auch wir – können sie sich darauf spezialisieren, Tiere zu töten, die größer als sie selbst sind. Große Beute ist potentiell gefährlich, und darum müssen Wölfe extrem vorsichtig sein, wenn sie sie angreifen, ihre Bewegungen mit denen der anderen Rudelmitglieder koordinieren und sich so lange zurückziehen, bis ihr Opfer schwach oder konfus genug ist, um dem Wolf einen klaren Vorteil zu geben. Oft wird die Tötung hinaus gezögert.

Jäger kannten sicherlich dieselbe Vorgehensweise, Gesellschaftsgruppen, die Jagd betrieben und die voll in die Natur eingegliedert waren, fühlten eine starke Identifikation mit den Tieren als verwandte Geister, einschließlich derer, die sie töteten. Komplizierte Beruhigungszeremonien rationalisierten ihre Tötungen. Diese Menschen respektierten Wölfe, auch wenn sie ihre direkten Nahrungskonkurrenten waren.

Als sich dann die Menschen in festen Gemeinschaften niederließen und sich hauptsächlich von Korn und Haustieren ernährten, veränderte sich ihre Einstellung zur Wildnis. Was sie früher im Wolf und in sich selber bewunderten, schien nun falsch. Schließlich verhärteten griechische und christliche Einflüsse diese Gefühle in ein Dogma der menschlichen Trennung von der Natur und auch in ein Dogma der Überlegenheit über die Natur. Ebenso wie die turbulenten Kräfte der Natur außerhalb von uns selbst für die Zivilisation gezähmt und kontrolliert werden mussten, so mussten auch unsere wilde innere Natur, unsere Leidenschaft und unser Appetit unterdrückt werden. Wir haben uns progressiv von uns selbst und unseren körperlichen Bedürfnissen distanziert, um zu leugnen, dass wir ein Teil der Welt sind, in der Leben bedeutet, anderes Leben zu töten.

Ohne Zweifel sind die Skrupellosigkeit, mit der der Wolf die Schwäche seiner Beute abschätzt und das erbarmungslose Verfolgen des Rudels das Produkt einer gnadenlosen, kalkulierenden Intelligenz. Wie verlockend, den Wolf zu beschuldigen, das Blutbad des Tötens zu genießen, macht es doch uns selbst zu sauberen und zivilisierten Geschöpfen, wenn wir tun, was wir tun müssen.

Wölfe teilen offensichtlich nicht unsere Moralauffassungen. Wenn wir ihnen schlechte Absichten zuschreiben, dann sind dies immer unsere eigenen Absichten in Verkleidung. Was uns am Wolf stört, sind all die Dinge, die uns an unserer eigenen Raubtiernatur stören. Manchmal ist dies transparent. Eine Abhandlung, die 1989 von einer Gruppe geschrieben wurde, die die Wiederansiedelung von Wölfen als eine ethische Umweltkatastrophe sieht, stellt „12 historische Fakten über Wölfe" auf und behauptet unter anderem, dass Wölfe tatsächlich grausam sind, nur um des Tötens willen töten und der Feind aller anderen Tiere sind. Ohne Zweifel sind solche Behauptungen – unabhängig davon, ob sie auf Wölfe zutreffen oder nicht – mit Sicherheit wahr für den Menschen.

Unakzeptable Wünsche auf andere zu übertragen, sie böse zu nennen, ist eine Masche, die es dem Angreifer erlaubt, vorzutäuschen, dass er selbst unbefleckt sei. Unsere dunkle Raubtierseite auf Wölfe zu projizieren, gibt uns das Gefühl, dass wir nicht mehr länger Tiere sind, die von unserem eigenen Appetit beherrscht werden, sondern rationale Wesen in Kontrolle unseres Schicksals.

In einer Kultur, die besessen ist von rationaler Selbstkontrolle, sind dennoch verbotene Wünsche eine ständige Verführung, und die Angst, die Kontrolle zu verlieren, zurück in die Wildnis zu gleiten, ist immer gegenwärtig. Wir reagieren auf Tiere mit uneinigen Gefühlen, weil auf der einen Seite Tiere all das symbolisieren, von dem wir glauben, dass wir dem in uns selber widerstehen müssen. Auf der anderen Seite klingt ihr ungezähmtes Verhalten in uns durch und erweckt unsere versteiften, natürlichen Impulse.

Der große, böse Wolf setzt hervorragend unseren inneren Zwiespalt in Bewegung. Tiere wie der Wolf erinnern uns daran, dass wir vielleicht nicht die rationellen, kontrollierten Staatsbürger sind, die wir denken zu sein (zumindest bei Tag); sie rühren unsere unterdrückten Tiefen auf und locken uns mit dem Versprechen besonderer Kräfte und privater Befriedigung. Dies ist auch die traditionelle Überzeugungskraft des Bösen, das immer mit Tieren wie dem Wolf in Verbindung gebracht worden ist.

Die Werwolf-Figur in unserer Kultur ist eine mythologische Brücke zwischen Tieren und dem Biest in uns, einem menschlichen Wesen, das sich den Versuchungen körperlicher Verlockungen ergeben hat und somit in Ungnade gefallen ist.

In modernen Märchen wie „Rotkäppchen" steht der Wolf für die Korruption der Unschuld durch ein kalkulierendes Ego, geboren, um seine verzwickten Wünsche zu befriedigen. Dieser metaphorische Gebrauch des Wolfes entstand ohne Zweifel aus seinen opportunistischen Jagdmethoden, besonders wenn sich diese Methoden gegen unsere unschuldigen, verletzlichen Haustiere richteten.

Auf einer tieferen Ebene präsentierte diese Hauptfigur vermutlich zwei Seiten unserer eigenen Natur: eine, die in dem unschuldigen Mädchen idealisiert wird, und die andere, unsere eigene Selbstgefälligkeit, die in uns selbst verleugnet und auf den Wolf übertragen wird.

Wenn Wölfe unser böses, anderes Ego repräsentieren, dann ist der Hund unsere idealisierte, gute Seite, ein Spiegel, der das glänzende Bild einer Natur reflektiert, die sauber und heil ist, frei von Leiden, Grausamkeit und Ungerechtigkeit, nicht mehr länger ein wilder Gegner, sondern gezähmt und vermenschlicht, ein hingebungsvoller, anbetender Verbündeter. Diese Qualitäten, die in einem Konkurrenten nicht geduldet werden können, werden erstrebenswert in einem loyalen Sklaven. Der Hund ist das Symbol unserer Meisterschaft über die Natur; er ist ein Wolf, der für unsere Kinder sicher gemacht worden ist, eine Metapher für unser eigenes domestiziertes Leben.

Die Bewegung, die Wölfe wieder zurückzubringen, ist Teil einer gegenwärtigen, politischen Neuordnung kultureller Werte, eine Bewegung in Richtung zur Erweiterung menschlicher Horizonte. Beschäftigt mit rationaler Kontrolle, haben wir den Kontakt mit der Vitalität und der Meisterschaft unseres innersten Selbstes verloren. Indem wir die Natur gezähmt und zu einem Status reiner Ressourcen für unseren exklusiven Gebrauch gemacht haben, beginnen wir, den Verlust dessen zu bedauern, was einst eine tief empfundene Verbindung zur Erde war, die uns unterhielt und uns ernährte.

Wölfe sind auch heute noch Symbole der Wildnis, so wie sie es immer waren, aber für eine steigende Anzahl von Menschen symbolisieren sie nicht mehr Kräfte, die erobert und gezähmt werden müssen, sondern unterdrückte Elemente unserer städtischen Seelen, die wir nicht länger verleugnen können.

Indem wir den Wolf zurück bringen, versuchen wir die Ganzheit wieder herzustellen, nicht nur der Welt draußen sondern auch unserer inneren Welt.

Um diese Ganzheit zu erreichen, ist es nötig, unsere dunkle, sogenannte „tierische" Seite anzuerkennen und sie in unsere moralischen Ideale zu integrieren.

Nur wenn wir mit unserer eigenen Wildnis zurecht kommen, hören wir auf, sie auf andere Tiere wie den Wolf zu projizieren und sie zu ihren Bedingungen zu akzeptieren. Erst wenn wir einen gewissen Grad an Harmonie in uns selbst erreicht haben, reizt es uns auch, ein Gleichgewicht zwischen den menschlichen Bedürfnissen und denen der natürlichen Gemeinschaft herzustellen, von der wir nur ein Teil sind.

Das Schicksal des Wolfes hängt unweigerlich mit dem der Wildnis zusammen. Die unterschwellige Frage der Wiedereingliederung von Wölfen ist nicht, ob die Interessen von Viehzüchtern, Jägern und Umweltschützern in Einklang gebracht werden können, sondern ob die Beziehung der Menschheit zur wilden Natur weiterhin eine der versuchten Kontrolle sein wird oder eine des Entgegenkommens.

*(Wolf Magazin 2/1994)*

# Frau und Wolf
## Auf der Suche nach einer uralten Beziehung

Von Dr. Erik Zimen

Vor zwanzig Jahren im Bayerischen Wald: Neun meiner Wölfe sind aus ihrem Gehege ausgebrochen. Der Landrat fordert Hilfe von der Grenzpolizei. Doch die Wölfe sind scheu und die meisten bald über alle Berge. Es ist Februar, sibirisch kalt, und entsprechend groß ist daher auch das Interesse der Presse.

Zuerst berichtet man wohlwollend: „Lasst die Wölfe leben!" Doch dann taucht eine junge Wölfin, die einzige unter den Ausbrechern, die nicht in den Wäldern verschwand, in der Nähe von Kindern im Dorf auf. Sie will offensichtlich spielen und kneift dabei einen Jungen in den Po. Sofort schlägt der Tenor um. Jetzt ist von „Bestien" und „Ungeheuern" die Rede.

Zum Teil ist die Aufregung natürlich verständlich. Wer will schon einen Wolf auf dem Spielplatz seiner Kinder haben? Auf jeden Fall sind es jetzt Männer, die die Wölfe jagen, Jäger, die auf die Wölfe Tag und Nacht ansitzen, Piloten, die in Hubschraubern das Gebiet überfliegen, Grenzpolizisten, die in Formation die Wälder durchkämmen. Ein Jäger erlegt den zahmen Wolf, die Polizisten zwei Hunde und ein Reh. Der Landrat fordert Verstärkung von der Bundeswehr auf bayerischer und von Warschauer-Pakt-Truppen auf der böhmischen Seite. Die Stimmung ist aggressiv aktionistisch.

Nur einige Frauen scheinen noch Umsicht und Verstand zu behalten: „Nicht der Wolf ist dem Menschen gefährlich, sondern der Mensch dem Wolf", schreibt eine. Und dass die Angst vor wilden Wölfen unbegründet und damit auch überwindbar sei. Manchmal klingt aber auch Verwunschenes an. Viele rufen an. Eine Frau südlich von München: Ein Wolf soll vor ihrem Schlafzimmerfenster heulen. Auf meine Frage, warum sie wisse, dass es ein Wolf sei, antwortet sie: „Weil es sich so schön schaurig anhört."

Zehn Jahre später: In Schweden sind Wölfe gesichtet worden, die ersten seit langem. Die Nation jubelt. Nur die lokale Bevölkerung wehrt sich gegen die unerwünschten Einwanderer aus dem weit entfernten Russland. Wieder sind es die Männer, die mit Gewehren bereitstehen, um ihre Elche, ihre Schafe und auch ihre Kinder und Frauen zu schützen. Diese haben in der Tat ein wenig Angst, vor allem die Mädchen und die Frauen. Die Männer selber aber haben keine, nur um ihre Kinder, um ihre Frauen.

Wieder zehn Jahre später - heute: Auch in Deutschland werden Wölfe gesichtet. Auf einer Fahrt erkunde ich die Stimmung im Lande. Es ist wie gehabt: Begeisterung in den Städten, Angst und Ablehnung in den betroffenen Gebieten. Besonders bei den Männern: „Weg damit", „erschießen", „kein Platz bei uns" heißt es allgemein. Bei vielen Frauen hingegen, insbesondere bei den jüngeren, schwingen andere, tiefere Töne mit. Ihnen geht es auch um den Schutz des Schwächeren, um Natur, um ein wenig Unberechenbares in unserem Leben, um das letzte noch Wilde in unserer Zeit.

Die größte Begeisterung drückt Julia, Doktorandin der Biologie, mitten in München aus. Ein wunderschönes Tier sei der Wolf, edel, sozial und so scheu. Ihn zu schützen solle Inhalt ihres Lebens werden. Rotkäppchen auf den Kopf gestellt und sehr modern.

Drei Beispiele für einen geschlechtsspezifischen Unterschied in der Bewertung einer allgemein verteufelten Tierart. Was beim Mann Hass und Verfolgung auslöst, löst bei der Frau zwar auch Angst aus, fasziniert aber zugleich. Was mittels Gewehr, Falle und Gift nach Meinung des Mannes ausgerottet gehört, weckt Schutzinstinkte, Mitleid und allen voran tiefe Sehnsüchte nach verborgener Wildheit bei der Frau. Über „die Kraft der weiblichen Urinstinkte" schreibt Clarissa Estés ein ansonsten nicht gerade stimmiges Buch. Trotzdem wird es ein Bestseller. Der Titel: „Die Wolfsfrau".

Was ist es, das bei uns das eine Geschlecht zum Wolfsjäger werden lässt, das andere aber zu Rotkäppchen, Wolfsfrau oder Schwester Wolf? Was fasziniert sie so abseits der ihnen gebotenen Wege an ihm - dem wilden, dem Unberechenbaren? Warum gibt sie sich gerade ihm, trotz all ihrer Angst, so leidenschaftlich hin? Zumindest in den Märchen - und in ihren Träumen. Was haben Frau und Wolf, Hexe und Hure, Räuber und Frevler gemein?

Die erste geschichtlich nachgewiesene Begegnung zwischen Wolf und Frau lag lange Zeit in einem schier unentschlüsselbaren Wirrwarr von Linien verborgen. Auf einer kleinen Schieferplatte aus einer Steinzeitsiedlung am Ufer des Rheins fand man ein wildes Durcheinander von Einritzungen. Auf anderen sah man sofort den Kopf eines Pferdes, die Umrisse eines Rentieres, Frauengestalten auch ohne Kopf und Beine, aber mit viel Busen, Bauch und Po - wohl Fruchtbarkeitssymbole.

All diese Zeichnungen in weichen Schiefer geritzt, widerspiegeln das Leben und das Wertgefüge der Menschen, die vor fünfzehntausend Jahren bei Gönnersdorf am Ufer des großen Flusses ihre Zelte aufschlugen. Es waren Jäger und Sammler. Haustiere gab es noch nicht und auch keine Kulturpflanzen, die man sähen und später ernten konnte. Man war vielmehr allein auf das angewiesen, was die Natur von sich aus an Überfluss produzierte.

Und das war nicht wenig, trotz Kälte und nahem Eis. Über die offene Tundra zogen große Renherden. Pferde und Vögel, Robben und Fische waren weitere reiche Nahrungsquellen. Beeren, Kräuter, Pilze ebenso. Im Permfrost der Böden ließen sich Nahrungsreserven lange lagern. So hatten die Menschen viel Zeit. Sie schmückten ihre Werkzeuge und ihre Waffen aus Stein. Und sie malten die Wände ihrer Wohnhöhlen mit herrlichen Bildern aus. In Gönnersdorf befestigten sie die Wege zwischen den Zelten und die Böden in den Zelten mit Schieferplatten. Fast alle davon waren voll mit eben jenen eingeritzten Zeichnungen, in denen man die Lebenswelt von damals so schön erkennen kann.

Nur einige Platten mit allzu verwirrenden Linien blieben lange Zeit ungedeutet. Bis man Linie für Linie nachzeichnete. Auf einer Platte kam ein Wolf zum Vorschein; ein weiteres Tier der damaligen Tundra. Also nichts besonderes. Bis man weitere Linien nachzog und drei Frauengestalten erkannte. Sie liegen quer über dem Wolf - oder er über ihnen. Wie man will.

Man könnte diese Überlagerung von mehreren Bildern, von der realistischen Abbildung eines Wolfes und von Symbolfiguren der Fruchtbarkeit als zufällig abtun. Aber es gibt weitere Verknüpfungen von Frau und Wolf/Hund aus dem gleichen Gebiet aus einer etwas späteren Zeit. Im 14000 Jahre alten Doppelgrab von Oberkassel bei Bonn fand man Skelettreste von einem älteren Mann und einer neben ihm begrabenen jüngeren Frau. Dem Mann waren Werkzeuge und Waffen als Grabbeigabe mitgegeben. Neben der Frau aber lagen nur die Reste von einem mittelgroßen Tier. Zuerst hat man das Tier als Wolf identifiziert, später aber anhand der Zähne als Hund erkannt. Der bislang älteste Hund der Geschichte und zugleich das erste Haustier des Menschen.

Über die Entstehung des Hundes ist viel gerätselt worden. Heute weiß man, dass der Wolf und nur der Wolf Stammvater aller Hunde ist. Warum aber wurde der Wolf überhaupt gezähmt? Wer machte aus dem Konkurrenten um gleiche Beute den besten Freund des Menschen, den Hund?

Für meinen Lehrer Konrad Lorenz stand fest: Mensch und Wolf kamen als Jäger zusammen, jagten immer mehr zum Vorteil beider, um schließlich auch gemeinsam zu leben. Für andere Forscher gelten die ersten „Hauswölfe" hingegen als Ersatznahrung für schlechte Zeiten. Andere wiederum glauben, dass der Wolf in erster Linie zum Schutz des Menschen gezähmt wurde.

Alle diese Erklärungsversuche sind männerorientiert und deuten zudem die erste Manipulation der Natur im Interesse des Menschen als bewusste Tat einsichtiger und zukunftsorientierter Menschen. Nur vergessen sie, dass ein Mann zur damaligen Zeit einen Wolf gar nicht zähmen konnte. Nur wenn ein kleiner Welpe der Mutter weggenommen und vom Menschen aufgezogen wird, kann ein Wolf zahm und auf den Menschen geprägt werden, wird er sein Leben lang diesen seinen eigenen Artgenossen als Sozialpartner vorziehen. Wie es die Hunde eben tun, ein Wildtier wie der Wolf aber nur unter bestimmten Voraussetzungen. Und dazu gehört insbesondere die frühe Wegnahme und die dann zwingend notwendige Fütterung mit Milch.

Milch gab es ohne Haustiere nur bei der Frau. Sie muss es also gewesen sein, die junge Welpen zu sich nahm und ihnen die Brust gab. Weil sie zuviel Milch hatte vielleicht, weil sie Mitleid hatte oder Zärtlichkeit fühlte für die kleinen, hilflosen Wesen, die sie auf einmal im Arm hielt, ohne auch nur zu ahnen, welche Revolution in der Geschichte der Menschheit sie in diesem Moment auslöste.

Denn auf den Hund, der nach vielen weiteren Generationen aus den zahmen Wölfen hervorging, folgten bald weitere Haustiere: Schaf, Ziege, Rind, Schwein. Zugleich kultivierte man erste Nutzpflanzen, baute feste Siedlungen mit Vorratslagern und Ställen. Aus dem Jäger wurde der Hirte, aus dem Sammler der Bauer.

Damit nahm unsere Geschichte einen völlig neuen Verlauf. Die neue Technik der Naturnutzung führte zur Arbeitsteilung und ließ bald erste Hochkulturen entstehen; aber auch Klassengesellschaften, Naturzerstörung und Kriege. Die moderne Geschichte des Menschen begann. Angefangen aber hat sie ganz unspektakulär und wohl eher zufällig als zukunftsorientiert damit, dass eine Frau, aus welchen Gründen auch immer, einige kleine, hilflose Jungen einer fremden Art an ihre Brust legte und sie von ihrer Milch trinken ließ.

Dass diese fremde Art ein Wolf war, ist kein Zufall. Denn keine Tierart ist dem Menschen sozial so verwandt wie der Wolf. Beide, Mensch wie Wolf, leben ursprünglich von der Jagd auf große Beutetiere. In Anpassung an diese Ernährungsweise bilden sie Großfamilien. An der Spitze der Familie steht ein starkes Männchen, das Familienoberhaupt beim Menschen, der Alpharüde bei den Wölfen. Er führt die anderen auf die Jagd, und er ist es auch, der den meisten Nachwuchs zeugt.

Doch er ist nur vordergründig der Chef. Die wirklich wichtigen Entscheidungen trifft beim Menschen wie beim Wolf die Frau, das ranghöchste Weibchen. Nach ihren Bedürfnissen richtet sich letztendlich alles, was von Belang für die Gruppe ist. Sie ist es, die ein oder mehrere Männchen - gleichzeitig oder hintereinander - mit Hilfe ihrer Sexualität an sich bindet, damit diese für sie und ihre Kinder jagen und sie gegen alle Feinde schützen. Sie ist das wahre Zentrum der Gruppe.

In dieser Wesensverwandtschaft zwischen Mensch und Wolf, Frau und Wölfin liegt die Annäherung beider Arten, die erste Domestikation und der dadurch verursachte große Bruch in unserer Geschichte.

Wohl in Kenntnis dieser Verwandtschaft betrachten viele Naturvölker den Wolf als Ahnherrn oder Totem ihrer eigenen Herkunft. Am Anfang der Welt steht für mehrere Indianerstämme Nordamerikas der Wolf als Urvater/Mutter ihres Stammes. Auch das Geschlecht des Dschingis Kahn, des großen Mongolenherrschers, geht nach der Überlieferung auf eine Wölfin zurück. Ja sogar die hochkultivierten Römer verdanken der Legende nach die Gründung ihrer Stadt der selbstlosen Aufopferung einer Wölfin.

Offensichtlich stehen sich Weiblichkeit als Urahn des Lebens und Wolf als Symbol der nicht immer zähmbaren Wildheit mythologisch sehr nahe. So auch im Mittelalter und Jahrhunderte danach in Europa. Es war die Zeit, als der Wolf zur Plage wurde. Adelige Jäger hatten nahezu alles Wild erlegt. So blieben den Wölfen nur noch Haustiere als Beute übrig. Der Kampf der Bauern gegen diese wahrhaft existentielle Bedrohung seitens einer unkontrollierbaren Natur ist lang und intensiv. Die Vorstellung vom Wolf als dem Bösen schlechthin stammt aus dieser Zeit.

Und ebenso die Vorstellung von der Frau als Hexe, als das von Natur aus vom Mann nur schwer zu kontrollierende Weib. Unzählig und grausam sind die Opfer dieser männlichen Angst vor dem Unberechenbaren. Damals starben die Frauen, die sich nicht mehr fügen wollten, in den Flammen der Scheiterhaufen. Neben ihnen loderten allerdings auch unzählige Männer als vermeintliche Werwölfe; Männer, die sich ebenfalls der alten Ordnung nicht unterordnen konnten.

Groteske Zeiten, die sich aber immer wieder in neuer Form wiederholen. Letztendlich geht es wohl immer um zwei nahe verwandte Phänomene der menschlichen Existenz: um Angst und um Herrschaft. Angst beim Mann vor all dem, was sich nicht vollständig von ihm kontrollieren und bestimmen lässt. Angst vor der noch nicht gezähmten Natur, vor der eigenständigen Frau zu Hause und dem wilden Wolf im Wald.

Angst der Frau vor dem dunklen Wald, vor dem schwarzen Mann, vor dem bösen Wolf. Angst, die in früheren Zeiten nicht ganz unbegründet war. Angst, die sich aber auch schüren lässt. Denn Angst ist nützlich. Sie dient der Herrschaft. Die Herrschaft der Eltern über Kinder, die nicht gehorchen, die Herrschaft des Mannes über Frauen, die sich nicht fügen, die Herrschaft der Mächtigen über all die, die sich nicht unterordnen.

Im Märchen etwa wurde Rotkäppchen vom lüsternen Wolf verführt, aber vom Jäger gerettet. Sein sexueller Neid und seine Rache sind zugleich sein Vorteil. Denn ihre Angst, die Angst aller Frauen und Mädchen, dient ihm, dient dem Mann zur Rechtfertigung seiner Privilegien. Wer vor dem Wolf im Wald Angst hat, wird den Jäger und sein Wirken darin, wird den Mann und seine Männlichkeit nicht in Frage stellen. So lässt sich Konkurrenz erledigen und Herrschaft begründen.

Solchermaßen beidseitig gemachte Erfahrungen mit dem Mann verbinden. Vielleicht liegen auch darin die tieferen Gründe für die Affinität der Frau zum Wolf. Beide, sie und der Wolf, sind vordergründig die Unterdrückten, die Verlierer der Geschichte. In Wirklichkeit aber sind sie die Starken. Denn sie können ihre Angst überwinden und dann wirklich frei und unabhängig sein.

*(Wolf Magazin 3/1996)*

# Die Rolle der Forschung beim Schutz der Wölfe

Von Jay Hutchinson

*Immer wieder wird auch bei Wölfen von extremen Tierschützern die Behauptung vertreten, dass ein Schutz der Wölfe nur ohne jegliche Forschung und technische Hilfsmittel erfolgen dürfe. Der nachfolgende Bericht beleuchtet die Notwendigkeit und die Rolle der Forschung beim Schutz der Wölfe und insbesondere bei der Wiederansiedelung von Wölfen.*

Wissen ist die Grundlage für jedes Genesungs-Programm für Wölfe. Vor der Erfindung der Radiotelemetrie war nur wenig über Wolfszahlen, Populationstrends und natürliche Habitate bekannt. Schließlich waren Wölfe aus fast jedem U.S.-Staat (mit Ausnahme von Minnesota und Alaska) verschwunden, und im Allgemeinen meiden sie Menschen wie die Pest.

Wie viele Wölfe gibt es? Laufen sie ziellos herum? Forscher Dave Mech wusste, dass, wenn er hierauf eine Antwort bekommen wollte, er Radiotelemetrie verwenden musste. Von 1963 bis 1965 erlernte Mech diese Technik am Biotelemetrie-Labor der Universität von Minnesota, indem er Tiere wie Waschbären und Rehe benutzte. Dabei entwickelte er ein System, Radiosender in Acrylhalsbänder einzuschweißen, was wichtig für die Wasserdichte und die Fortbewegungen der Wölfe war.

Dann, 1966, als Forscher zusammen mit Dr. Dan Frenzel vom Macalester College in Minnesota, begann Mech, Wölfe im Superior National Forest zu studieren. Finanzielle Unterstützung kam von verschiedenen Quellen, einschließlich dem U.S. Fish & Wildlife Service und der North Central Forest Experiment Station des U.S. Forest Service. 1968 hatte Mech zum ersten Mal begonnen, Wölfe in der Wildnis des Superior National Forest lebend einzufangen und mit Radiohalsbändern zu versehen. Sein Projekt expandierte und perfektionierte das Fallenstellen und die Luftüberwachung mittels Telemetrie und wurde schließlich auch bei den Wolfsprogrammen in Wisconsin, Michigan und Montana angewandt. Als die Neuigkeiten über seinen Erfolg bekannt wurden, verbreitete sich die Technologie auch bis zu den Wolfshochburgen von Alaska und Kanada. Sogar Länder wie Italien, Portugal und Spanien benutzten die Technologie, um ihre kleinen Wolfspopulationen zu studieren.

Mit Hilfe der Luftüberwachung entwickelte sich Mechs Forschung über die Grundlagen der natürlichen Entwicklung der Wölfe rapide. Luftbeobachtungen und Bodenstudien von Wölfen wurden auf der Isle Royale, Michigan, schon in den 50er und 60er Jahren gemacht, aber Fortschritte hinsichtlich der sozialen Ökologie und des Territoriums von Wölfen mussten bis zur Erfindung der Telemetrie warten. „Die Tatsache, dass Wölfe territorial sind, war bis 1968 unbekannt, als wir die Luft-Radioüberwachung begannen, und 1971 hatten wir das Konzept klar dargelegt“, sagt Mech.

Während der nächsten zwei Jahrzehnte revolutionierte die Wolfsforschung, basierend auf Radiotelemetrie, die Qualität und Quantität von Informationen über Wölfe. Wolfspopulations-Trenddaten erhielten großen Aufschwung. Die Populationen im Superior National Forest um 1950 wurden grob auf 350 Wölfe geschätzt und etwa 600 bis 700 in ganz Minnesota – aus den besten zugänglichen Quellen. Die heutigen Schätzungen, die auf intensiver Luftüberwachung und der Radiotelemetrie von Wölfen basieren, haben eine viel niedrigere Fehlerquelle.

Als die Forscher feststellten, dass Rudelterritorien durch Radio-Tracking festgelegt und Wölfe gezählt werden konnten (Rudel, die ohne Telemetrie beobachtet wurden, konnten anhand der leeren Fläche auf der Karte angenommen werden), entwickelten die Wissenschaftler Zählungsmethoden, die eine staatsweite Zählung von Minnesotas Wolfspopulation möglich machten. Mit denselben Methoden konnten die Forscher auch den Populationsanstieg im benachbarten Wisconsin überwachen.

Wolfsbewegungen und Abwanderungen werden ebenfalls studiert. Eine Serie von Radiomessungen gibt groben Aufschluss über die Reiseroute eines Tieres. Zum Beispiel Wolf Nr. 1051, der erste mit einem Radiohalsband versehene Wolf der Welt, der abgewandert war, wanderte 130 Meilen in einer schnurgeraden Linie. Radio-Tracking gibt auch Aufschluss über die Größe, Form und geografische Lage eines Wolfsgebietes.

Indem auch die Hauptbeute der Wölfe, die Weißwedelhirsche, Radiohalsbänder erhielten, erforschte Mechs Projekt viel von den Interaktionen zwischen Hirschen und Wölfen. Das Projekt hat einzelne Hirsche über einen Zeitraum von neun Jahren und einzelne Wölfe seit 11 Jahren beobachtet.

Die soziale Ökologie oder persönliche Interaktion mit Wölfen kann beschrieben werden, wenn genügend Mitglieder einer Wolfspopulation über einen längeren Zeitraum beobachtet werden, sodass verschiedene Generationen während Abwanderungen und Neugründungen von Rudeln verfolgt werden können. Bemerkenswert in Mechs Studien war das Harris-Lake-Rudel, das seit 12 Jahren beobachtet wurde, und das Perch-Lake-Rudel, von dem 10 abgewanderte Wölfe mit Sendern ausgerüstet worden waren.

Radio-Tracking ist auch bei der Bestimmung der Sterblichkeit behilflich, indem es zeigt, wie viele Wölfe überleben und welcher Prozentsatz der beobachteten Tiere stirbt. Aber noch viel wichtiger, die Radiohalsbänder ermöglichen es den Forschern, Tiere, die sich nicht bewegen, zu lokalisieren und die Todesursache festzustellen. Hunger und Tod durch andere Wölfe sind die meisten natürlichen Todesursachen der Wolfssterblichkeit, wo auch Krankheiten immer mehr an Bedeutung gewinnen. Wenn Wölfe eingefangen werden, um ihnen Radiohalsbänder anzulegen, nehmen ihnen die Biologen Blutproben ab. Diese helfen bei Krankheitsstudien ebenso wie bei Untersuchungen über Wolfsgenetik, ein Feld von zunehmendem Interesse und Wichtigkeit für den Schutz des Wolfes.

Serologische Tests zeigen, dass Wölfe in den verschiedenen Landkreisen von Minnesota und Wisconsin an Parvovirus erkrankt waren, woran auch Hunde leiden. Hinzu kommt, dass auch Herzwürmer ein Problem werden können.

Genetische Untersuchungen über das Inzuchtproblem konzentrieren sich auf die Isle Royale in Michigan, deren Wolfspopulation 1980 noch einen Höhepunkt von 50 Tieren hatte und kürzlich auf nur noch 12 Tiere zurück gefallen ist. Die Ergebnisse der genetischen „ Fingerabdrücke“ zeigen, dass die verbleibenden Wölfe der Isle Royale genetisch wie Geschwister verwandt sind.

Der Rückgang der Isle-Royale-Wolfspopulation kann die Folge von 40 Jahren Inzucht sein. Des misst dem Bedürfnis nach genetischen Studien von gesunden Wolfspopulationen als Vergleich erneut Bedeutung bei. Wie viel äußere Zucht bzw. Paarung brauchen Wölfe? Solche genetische Studien werden immer mehr gebraucht, je mehr Wolfspopulationen wieder eingegliedert werden.

Indem man die Grundzüge der Wolfsbiologie lernte, half dies auch beim Verständnis der Wolfsbeutezüge gegen Nutzvieh, was eher eine Abweichung vom natürlichen Lebensstil der Wölfe ist. Forschung war wichtig, um Minnesotas „Raubtier-Kontrollprogramm“ zu entwickeln. Kontrolle, die nur nach nachgewiesener Tötung von Nutzvieh durch Wölfe angewandt wurde, half bei den Bemühungen, die Unterstützung der Öffentlichkeit für den Wolf zu bekommen, während sie gleichzeitig auch die Bauern schützte.

Forschung hat auch Licht in die Wiederansiedelung und Umsiedelung von Wölfen gebracht. Wenn sie umgesiedelt werden, neigen Wölfe dazu, an den Ort zurück zu kehren, an dem sie eingefangen worden sind. Sie verhalten sich ebenso wie natürlich abgewanderte Wölfe und haben dieselben Überlebenschancen. Menschen sind die Haupttodesursache von umgesiedelten Wölfen – durch Fallen stellen, Erschießen und Autos. Sechs bis neun Monate alte Welpen scheinen in den neuen Gebieten länger zu bleiben und eignen sich daher besser als Kandidaten für die Wiederansiedelung als Erwachsene. Auf der anderen Seite können sie sich aber während der ersten zwei und mehr Jahre nicht verpaaren.

Wölfe besiedeln neue Gebiete, indem sie dort einwandern. Die Forschung hat nachgewiesen, dass jeder vierte Wolf sein Heimatgebiet verlässt, einige als Erwachsene, andere schon als Jungtiere, aber die meisten waren etwa ein Jahr alt, meist von Februar bis April oder, wenn sie älter sind, im Oktober und November. Im Durchschnitt wandern sie etwa 50 Meilen fort, einige wandern über 540 Meilen. So siedelten sich die Wölfe aus Minnesota in Wisconsin und Michigan an.

Die Forschungsergebnisse und Techniken, die beim Studium der Grauwölfe seit 1967 entwickelt wurden, waren bei der Entwicklung der Wiederansiedelungspläne für den nördlichen Rocky-Mountain-Wolf und den östlichen Timberwolf (beides Grauwölfe) sowie für den Rotwolf in den Südstaaten behilflich. Diese Forschungen sind weit über die Planung hinaus gegangen. Sie haben die Wissenschaftler unterstützt, Zugang zu Populationen zu bekommen, und bei der Wiederansiedelung und Beobachtung der Wölfe geholfen, ebenso dabei, Hindernissen in der Wolfsgenesung zu erforschen, wie Krankheiten und vom Menschen verursachte Sterblichkeit.

Während Wölfe wieder in Wisconsin und Michigan, in Montana, Idaho, Washington und Wyoming anzutreffen sind, macht es die Forschung den Biologen möglich, Wolfsgenesungen zu beobachten, den Prozess zu verstehen, einzugreifen wo nötig um Widersprüche oder Feindschaften auszugleichen und an Problemen mitzuwirken, die behoben werden müssen, bevor vollständiger Schutz erreicht ist.

*(Jay Hutchinson ist Schriftsteller bei der U.S. Forest Services North Central Forest Experiment Station in St. Paul, Minnesota)*
*(International Wolf, Spring 1993, WM Sommer 1993)*

# Die Aufzucht von Wolfswelpen

Von Karin Bloch

*Wolf Park liegt im Bundesstaat Indiana in den USA. In dieser, von Dr. Erich Klinghammer gegründeten Forschungseinrichtung werden Wölfe unter halbnatürlichen Bedingungen gehalten und deren Verhaltensweise erforscht. Die Tiere werden von Hand aufgezogen, sodass sie ihre natürliche Scheu vor dem Menschen verlieren und ihn als Teil ihrer sozialen Gruppe betrachten. So können die Forscher fast wie ein Gruppenmitglied die Wölfe beobachten, ohne sie zu stören, wie es ein Außenseiter tun würde.*

*Karin Bloch und Peter Nawrath von der „Gesellschaft zum Schutz der Wölfe e.V." hatten die Gelegenheit, einen Wurf Wolfsbabys in Wolf Park großzuziehen. Karin Bloch berichtet darüber.*

Am 21. April 1993 kam ich mit Peter Nawrath nach einem sehr langen Flug in Indiana an, wo uns bereits die Sekretärin von Wolf Park erwartete. Nach zweistündiger Fahrt erreichten wir dann spät abends Wolf Park, um am nächsten Tag die wunderbare Aufgabe zu übernehmen, die Wolfswelpen, die am 9. April geboren worden waren, aufzuziehen.

Am nächsten Morgen durfte ich die Welpen der Höhle entnehmen, in der sie bisher mit ihrer Mutter „Altair" gelebt hatten. Die Ethologin und wissenschaftliche Mitarbeiterin von Dr. Klinghammer, Pat Goodman, war mit Altair auf einem Spaziergang, und die restlichen erwachsenen Wölfe waren durch eine Falltür in der anderen Hälfte des Wolfsgeheges abgetrennt worden. Mit einem großen Karton ging ich zu der mit Stroh ausgelegten Höhle. Dort fand ich fünf winzig kleine Wolfsbabys vor, vier schwarze und ein graubraunes. Ich brachte die Welpen in ihre neue „Höhle", einen Raum in einem Wohnwagen, der für die nächsten Wochen ihr Zuhause werden sollte. Dieser Raum war ausgestattet mit einer Matratze, einem Schrank mit Bettlaken, einer Babywaage und den vielen Kleinigkeiten, die wir brauchten, um die Welpen zu versorgen.

Zunächst stellten wir Geschlecht, individuelle Merkmale und das Gewicht fest. Es waren zwei schwarze Mädchen und drei Jungen (zwei schwarz und einer grau) mit einem Gewicht von ca. 1.600 bis 1.800 Gramm. Ihre Augen waren schon geöffnet, aber tief schwarz, was sich in den nächsten Tagen änderte. Mit zunehmender Sehkraft wechselte die Farbe der Augen über Dunkelblau zu einem strahlenden Hellblau. Mit ihren kleinen, schwarzen Nasen krochen sie tastend und suchend über die riesige Matratze, bis sie uns fanden und an unseren Fingern saugen konnten. Während der ersten 24 Stunden nach Entnahme aus der Geburtshöhle waren die Welpen auf Null-Diät gesetzt, um ihnen die Umstellung auf die neue Nahrung zu erleichtern. Während dieser Zeit stellten wir einen sehr intensiven Kontakt her durch Schmusen, Streicheln und das sogenannte „Säubern", das heißt Stimulieren zum Urinieren und Koten, da die Schließmuskeln der Welpen erst noch trainiert werden müssen.

In dieser ersten Nacht schlief ich mit den Welpen. Es war ein so schönes Gefühl, als die kleinen Wölfchen eng angekuschelt neben mir schliefen, dass ich gerne auf einen Tiefschlaf verzichtete.

Am nächsten Vormittag bereiteten wir ihnen ihre erste Nahrung zu, bestehend aus Babynahrung (Babybeef), Joghurt, Eigelb, Kondensmilch und abgekochtem Wasser. Da sie sehr hungrig waren, nahmen die Kleinen ihre erste Mahlzeit aus der Flasche sehr gut an. Beim Füttern mussten wir darauf achten, dass sie immer Geruchskontakt mit unserer Hand hatten. Außerdem diente ihnen unser Unterarm oder das Bein dazu, den Milchtritt durchzuführen (eine Stoßbewegung der Beine, mit der die Welpen bei der Mutter den Austritt der Milch fördern). Diese Art und Weise der Fütterung muss jede Welpenmutter erlernen. Die ersten Tage und Nächte fütterten wir die kleinen Wölfe alle zwei bis drei Stunden. Nach einer Woche wurden sie nur noch tagsüber gefüttert, was aber nicht bedeutete, dass wir sie nachts allein ließen. Wir waren immer noch fast 24 Stunden mit ihnen zusammen. Die Nahrungsmenge nahm zu, ebenso ihr Gewicht. Dann kamen die ersten Zähnchen, und mit ihnen fingen die Rangeleien an, um die Geschwister auszutesten.

Die fünf Kleinen bekamen viel Besuch von fremden Menschen, und es war für sie sehr wichtig, uns, ihre Ersatzmütter, um sich zu haben, als Schutz und zur Zuflucht, wenn sie Angst hatten.

Die einzige „Erziehung", die wir ausüben mussten, war, den Kleinen mit den spitzen Zähnchen beizubringen, nicht an menschlichen Kleidungsstücken herumzuzerren oder an Schuhen zu nagen.

Anfang Mai war es soweit. Die Welpen bekamen ihr Außengehege. Morgens nach dem Frühstück brachten wir sie dorthin, und abends kamen sie wieder zurück in den Wohnwagen.

Das erste aufregende Erlebnis hatten die wölfischen Fünf, als sie ihr erstes Rehbein bekamen. Sie kämpften um das Bein wie erwachsene Wölfe. Die Interaktionen der Wölfe wurden immer häufiger und heftiger. Es machte sehr viel Spaß, sie zu beobachten. Beim Wachstum der Kleinen konnte man förmlich zusehen. Und als ich sie nach acht Wochen schweren Herzens verlassen musste, waren sie über sechs Kilogramm schwer, hatten hellgrüne Augen, steil aufgerichtete Ohren und sahen aus wie Miniaturwölfe mit viel zu großen Füßen.

In der Hoffnung, meine Wolfskinder bald wiederzusehen, habe ich mir geschworen, auch im nächsten Jahr wieder Welpen aufzuziehen. Es ist eine sehr befriedigende und ausfüllende Arbeit mit den kleinen Wolfskindern, und ich denke, es ist auch sehr wichtig für die Wölfe in freier Wildbahn, denn wer einen Wolf im Wolf Park gestreichelt hat oder von ihm „geküsst" wurde, kann keine Angst oder Hass mehr für Wölfe empfinden.

*(Wolf Magazin Herbst/Winter 1993/94)*

# Wolfsökologie und Wolfsverhalten aus der Sicht des Eskimojägers

Von Robert O. Stephenson, Alaska Department of Fish and Game, und Robert T. Ahgook, Anaktuvuk Pass, Alaska

*Der vorliegende Artikel diskutiert einige Aspekte der Ansicht der Eskimojäger zur Wolfsökologie, die die Meinung der modernen Wissenschaft erweitert. Im Speziellen werden wir die Wolfsökologie aus der Sicht der Nunamiut-Eskimo („Menschen des Landes") diskutieren, die nun in Anaktuvuk Pass in Alaska leben. Wir werden hier nur die grundsätzliche Betrachtung eines Themas darlegen, das, um wirklich vollständig verstanden zu werden, ein komplettes Wissen der Ethnogeschichte und Kultur der Nunamiut erfordert. Obwohl die Ansicht der Nunamiuts zur Wolfsökologie in vielen Punkten der westlichen Wissenschaft ähnelt, gibt es doch ein paar Unterschiede in der allgemeinen Theorie und viele im Detail der Naturgeschichte. Wir werden später noch darauf zurück kommen.*

In den Schreiben der frühen Forscher, Archäologen und Anthropologen gibt es zahlreiche Berichte über das außerordentliche praktische Wissen und die scharfsinnige Wahrnehmungskraft der Eskimos. Die Natur ihrer Beziehung zu ihrer natürlichen Umgebung wurde von Nelson (1969) in seiner Studie über die Faszination des Eismeeres und das zoologische Wissen der Alaskanischen Küsten-Eskimos wirkungsvoll erläutert. Nelson berichtet: „...Es gibt keinen mystischen, vererbten Keim im Verstand eines Eskimos, der es ihm erlaubt, die Stimmung eines Tieres zu fühlen, die Bewegungen des Ozean-Eises vorherzusehen oder eine Veränderung im Wetter zu spüren." Vielmehr hat der Eskimo durch tägliche, funktionelle Interaktion mit seiner Umwelt, von der sein Leben abhängt, einen eindrucksvollen Vorrat an empirisch erreichtem Wissen angelegt. Auf die Wahrhaftigkeit der Nunamiuts hinsichtlich der Tier-Ökologie haben sich Zoologen verlassen und sie hoch gepriesen.

Vor 1949 lebten die Nunamiut ein halbnomadisches Leben. Seit damals ist die Gruppe fast sesshaft geworden, und im letzten Jahrzehnt hat sich die Ökonomie der restlichen 115 Berg-Nunamiut gewandelt von mobiler Jagd und Fallenstellen zu einer Wirtschaft der örtlichen sporadischen Jagd, Fallenstellen und Gelegenheitsjobs – all dies jedoch innerhalb des ursprünglichen Rahmens traditioneller Nunamiut-Kultur. Früher zogen die Jäger auf der Jagd nach Wild fast täglich über das Land, sogar im Sommer; die Wintermonate waren und sind immer noch charakteristisch durch die Jagd und das Fallenstellen in einem noch weiteren Gebiet. Vor der Prämienjagd, die ernsthaft in den späten 30er Jahren begann und bis etwa 1967 dauerte, waren Wölfe fast ausschließlich im Winter begehrt. Die Prämie führte zu verstärkten Bemühungen, während des Sommers Wolfswelpen zu erhalten. Jedes Jahr Ende Mai begannen Gruppen von zwei bis vier Jägern in einer Periode von 24 Stunden Tageslicht zu reisen und zu beobachten. Bis Anfang Juli suchten sie in einem Gebiet von 20.700 Quadratkilometern der nordzentralen Brooks Range nach Höhlen.

Die Erfahrungen der Nunamiut in Bezug auf die Zeit, die sie damit verbringen, den Wolf und seine Umwelt zu studieren, sind vermutlich mit keinem anderen Eingeborenen oder westlichen Wissenschaftler vergleichbar. Da in der nordzentralen Brooks Range eine Wolfspopulation lebt, die in ihrer Dichte mit denen in südlicheren Waldgebieten vergleichbar ist, bietet das offene Gebiet ausgezeichnete Möglichkeiten zur Beobachtung. Dies und die anderen erwähnten Umstände ermöglichten es den Nunamiut, die volle Skala des natürlichen Wolfsverhaltens unter praktisch allen Umweltbedingungen zu beobachten. Viele Jäger haben eine bemerkenswerte Fähigkeit demonstriert, auf große Entfernung Wölfe unterschiedlichen Geschlechts und Alters zu unterscheiden und dadurch ihre Interpretation zu ermöglichen. Der Wert ihrer Ansicht zur Wolfsökologie (z.B. die Fähigkeit, bestimmte Aspekte des Wolfsverhaltens zu interpretieren) wird durch den außergewöhnlichen Erfolg der Nunamiut als Wolfsjäger und ihre hoch entwickelten Jagdmethoden begründet.

Die Nunamiut zeigen eine beeindruckende Fähigkeit, das Verhalten von Wölfen vorherzusehen. Indem sie zum Beispiel Wolfsheulen imitieren, rufen die Jäger routinemäßig Wölfe aus einer Entfernung von 1,5 bis 6,5 Kilometer oder mehr in die Reichweite ihrer Gewehre. Außerdem schleichen sie sich an schlafende Wölfe heran. Bei verschiedenen Gelegenheiten sind Jäger innerhalb Gewehrreichweite gekrochen und haben bis zu fünf Wölfe getötet, bevor der Rest entkommen konnte. Durch die Benutzung dieser und anderer Jagdtechniken (einschließlich Stahlfallen) haben einige Jäger in einem einzigen Winter mit hoher Wolfspopulation bis zu 40 Wölfe getötet. Verschiedene ältere Nunamiut, inzwischen in ihren sechziger oder siebziger Jahren, haben grob geschätzt in 50 Jahren der Jagd etwa 500 Wölfe getötet. Einige jüngere Jäger in den Dreißigern und Vierzigern haben 200 bis 300 Wölfe getötet. Die Fähigkeit der Nunamiut zur Entdeckung von Wolfshöhlen wurde durch das Auffinden von über 100 Höhlen in den letzten 30 Jahren demonstriert. Im allgemeinen wurden die Höhlen durch Beobachtung des Verhaltens und der Bewegungen der erwachsenen Wölfe auf der Jagd, Meilen von der Höhle entfernt, entdeckt, basierend auf der Kenntnis der Jagd-Verhaltensmuster.

Die Nunamiut betrachten den Wolf als ein hoch intelligentes Raubtier, das, mit Ausnahme eines gelegentlich tollwütigen Tieres, für den Menschen keine Gefahr darstellt. Über Geschichten von blutrünstigen Wölfen, die am Lagerfeuer des Trappers lauern, können sie sich nur amüsieren. Dennoch gibt es einige wenige Vorfälle, bei denen Wölfe Nunamiut angegriffen haben, die vor der Einführung von Feuerwaffen Ende 1800 allein oder in kleinen Gruppen reisten. Die intelligente und soziale Natur des Wolfes wird von den Nunamiut selbst bewundert. Eines der ersten Dinge, die sie Außenseitern immer wieder klar machen, die sich nach Wölfen erkundigen, ist, dass es sich um sehr kluge Tiere handelt. Es ist sehr lehrreich, festzustellen, dass eine der wenigen noch bestehenden Gesellschaften, die in direktem Nahrungs-Wettkampf mit dem Wolf standen und in gewisser Weise immer noch stehen, keinerlei Feindschaft gegenüber dem Wolf empfindet. Die Nunamiut missgönnen dem Wolf nicht seine Beute. Auch wenn sie den Wolf jagen und sein Fell schätzen, so nehmen sie doch sein Leben ohne den Hass und das Schuldgefühl, das so oft das Töten von Wölfen durch andere Gesellschaften begleitet.

Die Nunamiut erkennen große Variationen in den körperlichen Verhaltensmerkmalen von Wölfen. Einige Variationen hängen mit Geschlecht, Alter und Umweltbedingungen zusammen, aber viele lassen sich zurückführen auf ererbte individuelle Unterschiede in Morphologie und Temperament. Die Nunamiut haben schon vor langer Zeit gelernt, was erst kürzlich von Ayala (1971) festgestellt wurde: „Spezies sind keine gigantischen Wesen, die aus identischen Kopien derselben Erscheinungsform bestehen; vielmehr gibt es in Spezies, die sich sexuell mit anderen paaren, keine zwei Individuen (mit der Ausnahme von monozygotischen Zwillingen), die genetisch identisch sind." Die Nunamiut beziehen sich oft auf den Wolf oder die Wölfe unter diesen ganz besonderen Umweltbedingungen, indem sie das kollektive „Wolf" sehr viel weniger benutzen als moderne Wolfsökologen. Obwohl durch Studien an gefangenen Wölfen den Wissenschaftlern individuelle Variationen im Temperament bekannt sind, wurde dies nur sehr selten auf Interpretationen von Verhaltensphänomenen unter freien Wölfen ausgedehnt. Vererbte Unterschiede im Temperament sind ein schwer erkennbares

Phänomen für das ungeübte Auge, werden aber von den Nunamiut benutzt, um die verschiedenen Verhaltensformen der von ihnen beobachteten Wölfe zu erklären, einschließlich ihrer Reaktion auf Menschen, Wachsamkeit, Jagdvermögen, Sozialverhalten, Aggression und so weiter.

So wissen zum Beispiel die Nunamiut aus buchstäblich Hunderten von Begegnungen mit Wölfen an ihren Höhlen, dass es reale Unterschiede in der individuellen Reaktion von erwachsenen Wölfen auf menschliche Eindringlinge gibt. Mütter zeigen normalerweise ein äußerst ängstliches Verhalten, indem sie zunächst den Eindringling anbellen und dann anheulen und dabei im Umkreis von einigen hundert Metern zur Höhle bleiben. In einigen Fällen jedoch haben die Weibchen das Höhlengebiet einfach verlassen, ohne Laut zu geben oder sich ängstlich zu verhalten. Männliche Wölfe dagegen zeigen sehr viel weniger Angst als die Weibchen und bewegen sich weiter von der Höhle fort, geben weniger Laut und verlassen manchmal das Gebiet vollständig. Einige dagegen haben auf den Eindringling so reagiert, wie sich ein „typischer" weiblicher Elternteil benimmt.

Vererbte Unterschiede in Körperbau und Temperament, modifiziert durch Erfahrung, erklären vermutlich auch einige der Unterschiede, die die Nunamiut in den Rollen beobachtet haben, die die Wölfe bei der Tötung ihrer Huftierbeute zeigen. Aus den zahlreichen Wolf-Beute-Begegnungen, die sie beobachtet haben, einschließlich wiederholter Beobachtungen von bestimmten Rudeln, wissen die Nunamiut, dass nicht alle Wölfe bei der Tötung der Beute die gleiche Rolle spielen. Sie sagen als Faustregel, dass normalerweise in einem Rudel von fünf zwei Wölfe die Hauptarbeit bei der Tötung übernehmen, die restlichen Wölfe spielen bei der Jagd eine Nebenrolle. Die sehr jungen und sehr alten Tiere übernehmen natürlich bei der Tötung von großer Beute selten einen aktiven Teil.

Die Nunamiut betonen auch die Wichtigkeit, die Fähigkeit der Wölfe zu höher stehendem Verhalten zu erkennen, das sowohl Einsicht als auch Zweckmäßigkeit zeigt, sowie deren große Lernkapazität. Ein unangenehmes Erlebnis mit einem vorgegebenen Phänomen, wie zum Beispiel der Begegnung mit einem Jäger, ist ausreichend für einen Wolf, um ähnliche Situationen in Zukunft zu vermeiden. Von erwachsenen Wölfen, die bereits Erfahrungen mit Fallen gemacht haben, weiß man, dass sie sehr schwer in Fallen zu fangen sind. Sie erlauben auch ihren Welpen nicht, einen Kadaver aufzusuchen, den Menschen berührt haben. Die meisten Nunamiut sind sich darüber einig, dass es fast unmöglich ist, einen erfahrenen Wolf zu fangen. Die Nunamiut kennen viele Beispiele für ein hohes Ordnungsverhalten bei Wölfen und haben dies in verschiedenen Verhaltenszusammenhängen beobachtet. Der Gebrauch eines sorgfältig ausgearbeiteten „Hinterhaltes" bei der Jagd ist ein bemerkenswertes Beispiel. Ein anderes ist die Reaktion eines Jährlings oder erwachsenen Wolfes auf die Anwesenheit von Menschen beim Rendezvous-Platz. So beobachteten zwei Nunamiut einen Jährling, der zum Rendezvous-Platz eilte und einen Wurf Welpen fort führte, nachdem er etwa 1,5 km von den Welpen entfernt Jäger entdeckt hatte. Bei der gleichen Gelegenheit, kurz bevor sie die Wölfe entdeckten, beobachteten die Jäger zwei erwachsene Wölfe, die den Rendezvous-Platz zur Jagd verließen. Als ein Welpe ihnen folgen wollte, führte ihn das Weibchen der erwachsenen Wölfe zu den anderen Welpen zurück und ging dann erneut in die Richtung, in die der andere Wolf gelaufen war. Nach etwa 90 bis 100 Metern jedoch legte sie sich plötzlich für eine halbe Stunde nieder, stand dann auf und folgte dem Pfad des anderen Tieres. Die Nunamiut nahmen an, dass das Weibchen gewartet hat für den Fall, dass ihr der Welpe erneut gefolgt wäre.

Bei der Beachtung der Fähigkeit der Wölfe, Huftiere verschiedenen Geschlechts, Alters und unterschiedlicher Gesundheit zu fangen, weisen die Nunamiut darauf hin, dass eines der wichtigeren Elemente für den Ausgang eines Wolf-Beute-Treffens die Entschlossenheit des Wolfes ist, das Tier zu fangen. Bei den Karibus sind sich die Nunamiut-Jäger darin einig, dass Wölfe eine große Zahl schwächerer Tiere töten und dadurch für eine gesunde Karibupopulation nützlich sind. Sie sind außerdem unerschütterlich der Auffassung, dass ein erfahrener, erwachsener Wolf in halbwegs gesunder Verfassung praktisch jedes Karibu töten kann, das er will – mit Ausnahme von einem Tier, das sich ins tiefe Wasser flüchtet. Während des Sommers und Winters, in dem Karibus in mittlerer und kleinerer Anzahl in der Brooks Range leben, zeigt der Wolf am ehesten seine Fähigkeit, selbst die gesündesten Karibus zu fangen. Während der letzten Monate haben wir erfolgreich Jagden von sieben und 13 Kilometern aufgezeichnet. Bei beiden waren ein Wolf und ein Karibu beteiligt und Karibus in geringer Anzahl vorhanden. Bei einer Begebenheit folgten Ahgook und ein anderer Nunamiut-Jäger einer frischen Jagdfährte von einem Wolf und einem Karibu über die Berge nordöstlich des Anaktuvuk-Passes. Beide, Wolf und Karibu, waren zehn Kilometer über Tundra und gepressten Schnee gelaufen. Als sie ein drei Kilometer langes Gebiet weichen, 75 cm tiefen Schnees erreichten, verlangsamten beide Tiere ihre Geschwindigkeit zu einem langsamen Laufen. Während sie diesen tieferen Schnee durchquerten, veränderten sie ihre Geschwindigkeit alle 90 bis 100 Meter alternativ vom Rennen zum Gehen. Es gab keinerlei Anzeichen dafür, dass der Wolf das Karibu auf diesem Gelände töten wollte, statt dessen versucht er einfach, seine Geschwindigkeit beizubehalten. Als das Karibu den tiefen Schnee verließ und einen frei gewehten Hügel herunter rannte, holte der Wolf es ein und tötete es nach einer kurzen 70-Meter-Jagd. Die gesamte Jagd überbrückte 13 km. Dieses Beispiel demonstriert die langen Entfernungen, über die Wölfe Karibus jagen, wenn nur wenige gesunde Tiere zur Verfügung stehen, und zeigt, wie sie absichtlich ihre Verfolgung unterschiedlichen landschaftlichen Konditionen anpassen. Die Nunamiut haben sogar noch längere Jagden beobachtet.

Diese Beobachtungen unterscheiden sich sehr von den kurzen Jagden über hundert Meter oder weniger, die oft als Beweis für die Unfähigkeit des Wolfes herhalten müssen, andere als „schwache" Tiere zu jagen. Die meisten von Crislers Beobachtungen wurden gemacht, als es relativ viele Karibus gab, während ihrer Wanderungen im Frühling und Herbst. Zusätzlich hierzu handelte es sich bei einigen ihrer Beobachtungen um Wölfe, die von Menschen großgezogen worden waren. In diesem Zusammenhang sollte erwähnt werden, dass die Nunamiut sicher sind, dass Wölfe, besonders die jüngeren, kraftvollen Tiere, sich nicht immer den Karibus nähern mit der Absicht, sie zu töten. Es sind viele Fälle beobachtet worden, insbesondere in Zeiten des Überflusses von Karibus, in denen es den Nunamiut so schien, als ob die Wölfe „ spielten". Sie beobachteten oft einen Wolf, der genau in dem Augenblick, in dem er eine gute Chance hatte, es zu fangen, von der Jagd auf ein Karibu abließ, nur um ein anderes Karibu erneut zu jagen.

Die obige Diskussion zeigt, dass aus der Sicht der Nunamiut das Wolfsverhalten aus der Interaktion vieler unterschiedlicher Verhaltensmuster besteht, normalerweise im Zusammenhang mit einer sozialen Ordnung, mit Umweltbedingungen und dem ständigen Erlernen von modifiziertem Verhalten. Als Ergebnis der umfassenden Ordnung der verhaltensmäßigen Ereignisse, die sie beobachtet haben, interpretieren die Nunamiut das Wolfsverhalten in einem breiteren, jedoch komplizierteren theoretischen Rahmen als die moderne Wissenschaft. Ihr tiefes Wissen, das sie aus geduldiger, bodenständiger Beobachtung gewonnen haben, hat sie gelehrt, dass die Anpassungsfähigkeit und Dehnbarkeit des ererbten Wolfsverhaltens mit dem der Menschen wetteifert.

*(Wolves & Related Canids, Winter 1991, Wolf Magazin 2/1994)*

## Wer hat Angst vorm bösen Wolf?

Von Elli H. Radinger

„In Nordamerika hat es noch nie einen Fall gegeben, bei dem ein gesunder, wilder Wolf einen Menschen angegriffen hat."

Wie oft haben wir, die wir uns mit dem Leben der Wölfe befassen, diesen Satz aufgegriffen und in Umlauf gebracht, ganz besonders, wenn wir versucht haben, auf Seminaren und Vorträgen auf die Ungefährlichkeit der Wölfe hinzuweisen.

Aber stimmt diese Behauptung wirklich? Hat es niemals eine Ausnahme gegeben? In letzter Zeit häufen sich die Berichte über angebliche Wolfsangriffe auf Menschen. Was ist wahr daran? Und vor allem, wenn Wölfe doch einen Menschen angreifen sollten, warum tun sie es - und warum greifen sie *keine* Menschen an?

Seit über 15 Jahren halte ich mich in der Wildnis in Wolfsgebieten auf. So lebte ich einen Winter lang im nördlichen Minnesota an der kanadischen Grenze in einer Blockhütte mitten im Wolfsterritorium. Fast jede Nacht habe ich Wölfe heulen gehört und fand am Morgen danach ihre Spuren im Schnee in der Nähe der Hütte. Und wenn das Nordlicht besonders schön war, schlief ich auch oft in meinem warmen Schlafsack im Freien, begleitet vom nahem Gesang der Wölfe.

Angst habe ich dabei nie gehabt; im Gegenteil, so sehr ich mir auch wünschte, einen Wolf zu sehen, so bekam ich den scheuen Beutegreifer doch kaum zu Gesicht. Nur ganz selten einmal, in hellen Vollmondnächten, sah ich einige dunkle Schatten über den zugefrorenen See in der Nähe huschen.

Eines Morgens fand ich auf einer Schneewanderung einen frisch getöteten Hirschen. Er war bereits aufgerissen und die Innereien dampften noch warm in der Kälte. Im Schnee sah ich viele Wolfsspuren. Ich musste das Rudel also von seiner Nahrung aufgescheucht haben. Ich war allein, und sie waren mindestens fünf große, hungrige Wölfe, deren Kiefer so stark sind, dass sie ohne Probleme den Schädel eines erwachsenen Elches aufbrechen können. Es ist klar, dass Wölfe mit Leichtigkeit einen Menschen töten könnten. Warum waren sie also weggelaufen, statt mich anzugreifen und ihre Beute zu „verteidigen"? Einen Bären hätte ich nicht so leicht verjagen können.

Können Wölfe eine echte Bedrohung für Menschen sein? Haben sie jemals Menschen angegriffen? Es ist eine uralte Frage, beladen mit Aberglauben und Ängsten.

Unzählige Fachleute haben leidenschaftlich beteuert, dass die wilden Hunde den Menschen nicht gefährlich werden können. Selbst in Kanadas nördlichster Wildnis, wo Wölfe nur sehr wenigen Menschen begegnen, scheint die Spezies instinktiv zu wissen, dass man uns besser alleine lässt, dass wir eine übermächtige Kreatur sind, die auf sichere Distanz gemieden oder toleriert werden muss.

Der Biologe Douglas Pimlott erklärte den Respekt des Beutegreifers vor Menschen auf der Grundlage der Körpersprache: „Wölfe haben die instinktive Fähigkeit Aggression oder Angst zu erkennen, die sich auf ganz unterschwellige Weise durch unser Verhalten oder unsere Taten ausdrücken. Wir bewegen uns ganz bewusst so wie viele Beutegreifer. Wir schleichen uns leise durch die Wälder und streifen selbstbewusst über die Felder, so wie ein Wolf, der auf der Suche nach Nahrung sein Gebiet durchstreift.“ Nach Ansicht von Pimlott können unsere Aktivitäts-Muster den Wölfen zu verstehen geben, dass wir gleichgestellte Jäger sind - nicht Beute.

Dave Mech, der bekannteste Wolfsexperte Nordamerikas, sieht einen weiteren Grund, warum Wölfe keine Menschen angreifen, darin, dass die Menschen aufrecht auf zwei Beinen gehen. Keine Beute des Wolfes tut dies. Außerdem stehen Bären manchmal auf ihren Hinterbeinen, und im Allgemeinen versuchen Wölfe, Bären zu meiden.

Dick Dekker, Wolfsforscher aus Kanada, kommt zu der Überzeugung: „Der wahre Grund, warum Wölfe Menschen anders als andere Kreaturen behandeln, kann in der Tatsache gefunden werden, dass die Indianer und Weißen Nordamerikas schon immer die Fähigkeit hatten, auf Distanz - mit Pfeilen oder Kugeln - zu töten. Die Wölfe müssen aufgrund ihrer Intelligenz und Lernfähigkeit die magischen Kräfte der Menschen vor langer Zeit erkannt haben, und die Spezies hat ihr Misstrauen indirekt oder direkt an ihren Nachwuchs weitergegeben. Wenn sie auf Spuren oder den Geruch von Menschen treffen, dann kann die Reaktion der Wolfseltern ihren Welpen instinktiv beibringen, dass man diese Wesen nicht jagt, sondern besser ignoriert oder sogar fürchtet.“

Aber wie war es früher? Im 18. Jahrhundert, als die ersten Europäer über die westlichen Prärien reisten, waren Wölfe nicht abgeneigt, menschliche Körper zu fressen. Während des Winters war es Brauch bei den Indianern, ihre Verstorbenen, in Felle eingehüllt, auf Gestelle in die Bäume zu legen - außerhalb der Reichweite von Aasfressern.

Wenn der Boden aufgetaut war, beerdigten sowohl Indianer als auch Weiße ihre Toten in der Erde und bedeckten die Gräber mit schweren Steinen. Die Tagebücher der ersten europäischen Scouts jedoch zeigten keinerlei Hinweis darauf, dass Wölfe von den Menschen als gefährlich angesehen wurden.

Im Gegensatz zu Nordamerika ist es unbestritten, dass Wölfe in Europa Menschen angegriffen und getötet haben, besonders in südlichen Ländern, wo Teile der Zivilisation tief in die rauen Berge reichen. Die europäischen Bauern waren keine Jäger, verdienten jedoch ihren Lebensunterhalt auf den Feldern oder durch das Halten von Nutzvieh.

Ein berüchtigter und gut dokumentierter Fall von Wölfen, die Menschen töteten, geschah in Frankreich zwischen 1764 und 1767 als die „ Bestie von Gevaudan“ über hundert Menschen verwundete, von denen 64 (meist Kinder) starben. Es hörte erst auf, als zwei Tiere getötet wurden, beide sehr groß und über 58 kg schwer, schwerer als die größten, bisher bekannten südlichen Wölfe. Der Verdacht ist daher gerechtfertigt, dass diese Menschenjäger nicht reine Wölfe, sondern Wolf-Hund-Mischlinge waren. Ohne Zweifel können Haushunde gegenüber Menschen aggressiv werden. Abtrünnige vom „besten Freund des Menschen“ beißen jährlich Tausende von Kindern und Erwachsenen und töten auch gelegentlich.

Die klassische Geschichte der Menschen verschlingenden Wölfe ist die des russischen Edelmannes in seiner von Pferden gezogenen Troika, der von einer Herde tollwütiger, geifernder Biester mit roten Zungen, die über blendenden Reißzähnen hängen, heruntergezogen wird. Da es keine verlässlichen Berichte gibt, sollten solche Geschichten als Volksmärchen angesehen werden, obwohl es durchaus möglich ist, dass Wölfe einem von Pferden gezogenen Schlitten folgen - weil sie dort leichter laufen können, wo der Schnee tief ist oder auch einfach nur aus Neugier.

Ein weiterer möglicher Grund, warum Wölfe in Europa Menschen angegriffen haben könnten, ist Tollwut. Tiere, die diese gefürchtete Krankheit befällt, verlieren ihre natürliche Scheu und beißen jedes Wesen, das sie treffen, Mensch oder Tier. Das Risiko, von einem tollwütigen Hund oder Wolf gebissen zu werden, war eine harte Realität im mittelalterlichen Europa, und ist es vielleicht sogar heute noch in einigen Teilen der Welt.

Dennoch - trotz des bisher gesagten - sollte die Frage, ob Wölfe jemals in jüngster Zeit Menschen in Nordamerika angegriffen haben, nicht so schnell abgetan werden. Tatsache ist, dass es wenigstens ein halbes Dutzend belegter Fälle gibt, die einigen Zweifel an dem Glauben an die absolute Unschuld des Wolfes aufkommen lassen.

Einer der am meisten beachteten Zwischenfälle wird unterstützt durch die beeidete Zeugenaussage von Menschen, die daran beteiligt waren, und wird in „The Journal of Mammologie“ beschrieben.

Das Ereignis passierte Meike Dusiak, einem Eisenbahnarbeiter, der im Winter 1942 eines Nachts mit seinem Streckenwagen entlang der Hauptstrecke westlich von Chapleau, Ontario, fuhr. Er erwartete, einen Zug zu treffen und fuhr daher ziemlich langsam, damit er rechtzeitig die Gleise verlassen konnte. Plötzlich traf ihn etwas, schnappte ihn am linken Arm und zog ihn und den Streckenwagen vom Gleis. Dusiak dachte zuerst, er sei von einem Zug angefahren worden, aber als er schnell aus dem Schnee aufstand, sah er einen Wolf auf sich zukommen. Gerade noch rechtzeitig schnappte er sich eine Axt und verteidigte sich heftig, indem er dem Wolf auf Kopf und Körper schlug. „Knurrend und zähnefletschend“ kämpfte er weiter, bis ein Zug vorbeikam. Die Crew sah Dusiaks Not, stoppte die Lokomotive und eilte mit Pickeln und Werkzeugen zu Hilfe, wobei sie schließlich den Wolf töteten. Der Beamte, der den Kadaver untersuchte, bestätigte, dass der Wolf anscheinend in normaler Verfassung war. Er wurde jedoch nicht auf Tollwut getestet, aber sein Verhalten deutet darauf hin, dass er ein Opfer der Krankheit hätte sein können.

Ebenfalls in „The Journal of Mammologie“ wird von zwei Fällen berichtet, bei denen Wissenschaftler im kanadischen Norden auf Wölfe trafen. Der erste ereignete sich am 29. Juni 1977 auf der einsamen Insel Ellesmere Island, wo die Wölfe selbst heute immer noch keine Angst vor Menschen zeigen. Auf der offenen Tundra näherte sich ein Rudel von sechs weißen Wölfen zwei Paläontologen, die versuchten, die Tiere durch lautes Rufen und durch das Werfen von Erdklumpen fernzuhalten. Das Rudel hielt wenige Meter entfernt an. Die angespannte Situation wurde mit folgenden Worten beschrieben: „Einer der Wölfe übernahm dann die Führung und ging, indem er Mary Dawson direkt ins Gesicht sah, stetig vorwärts, die schlecht gezielt geworfenen Erdklumpen ignorierend. Seine Ohren waren vorgestellt und sein Maul geschlossen oder nur leicht geöffnet. Als er etwa 1,5 m entfernt war, sprang der Wolf auf Dawsons Kopf zu, die sich zurückwarf und einen kleinen Schrei ausstieß. Der Wolf streifte ihre Wange, hinterließ dort seinen Speichel, fiel dann auf den Boden, drehte sich um und zog sich mit ein paar Rückblicken zurück.“

Alle sechs Wölfe liefen schließlich fort. Die Motivation für ihr merkwürdiges Verhalten war vermutlich Neugier. Sie wussten nicht, auf welche Kreatur sie gestoßen waren und wollten ihre Courage testen. Die Standfestigkeit der Wissenschaftler, ihre Weigerung, wie die übliche Beute der Wölfe zurückzulaufen, könnten einen kompletten Angriff ausgelöst haben.

Im zweiten Fall, der im Juni 1984 in der Nähe von Churchill im hohen Norden von Manitoba geschah, schlichen sich mindestens drei Wölfe leise an eine Gruppe von drei Zoologen an. Die Männer waren durch die Wälder gelaufen und hatten gerade auf einer kleinen Lichtung Halt gemacht, die von Flechten bedeckt war. Sie hatten ihre Rucksäcke abgenommen und unterhielten sich, als plötzlich ein Zweig hinter ihnen knackte. Als sie sich umdrehten, sahen etwa neun Meter entfernt einen Wolf auf sich zu rennen. Sie berichteten über das beängstigende Erlebnis wie folgt: „Scott reagierte, indem er seine Füße aufstampfte und laut schrie. In seinem Bemühen anzuhalten und sich gleichzeitig umzudrehen, verlor Wolf A das Gleichgewicht und krachte in einen Busch auf der Lichtung, etwa fünf bis sechs Meter von Bentley entfernt. In der Zwischenzeit bemühte sich Scott ein Bären-Horn (ähnlich einem Nebelhorn bei Schiffen, das Eisbären abschrecken soll) aus seinem Rucksack zu ziehen. Scott beobachtete, wie Wolf A sich hinter einen großen Baum zurückzog, während sich uns Wolf B von der entgegengesetzten Seite desselben Baums auf acht Meter näherte. Wolf B sprang in zwei Meter großen Sprüngen auf Scott zu, Ohren vorgestellt, Schwanz nach oben und seine Augen auf ihn fixiert. Nach dem zweiten Sprung von Wolf B ließ Scott das Bären-Horn auf Armeslänge ertönen, als der Wolf nur noch zwei Meter von ihm entfernt war. Wolf B reagierte, indem er mit seinen Augen blinkte, seine Ohren verdrehte und seinen dritten Sprung in der Richtung leicht veränderte. Er landete nur einen Meter entfernt neben Scott. Wolf B trabte unverzüglich auf die Lichtung und hielt in drei Meter Entfernung kurz an."

Alle drei Wissenschaftler kletterten schnell auf Bäume und beobachteten, wie die Wölfe innerhalb von vier Stunden mehrmals die Lichtung betraten und durchquerten. Nachdem die Tiere längere Zeit nicht mehr erschienen waren, zogen sich die Männer schließlich zu ihrem Fahrzeug zurück, das in der Nähe geparkt war. Auf ihrem Weg fanden sie eine Wolfshöhle. In der Nähe bemerkten sie viele Spuren einschließlich Welpenspuren.

Dave Mech, der zu den Zwischenfällen befragt wurde, glaubt, dass, wenn die Wölfe tatsächlich ernsthaft die Wissenschaftler hätten angreifen wollen, das Resultat ohne Zweifel sofort und tödlich gewesen wäre. Das Verhalten der Tiere könnte eher eine Drohung, Verteidigungsreaktion oder eine andere nicht beutegreiferähnliche Reaktion gewesen sein.

Ein weiterer Zwischenfall, bei dem ein Wolf einen Menschen angriff, schien ein Fall von falsch verstandener Identität gewesen zu sein. Es geschah an einem Wintertag 1982 in den Wäldern von Minnesota. Der 19jährige Ron Poyrier, der in einem dichten Wald auf der Jagd war, wurde plötzlich von einem Wolf niedergeworfen. Der Junge rollte mit dem Tier auf dem Boden herum und griff ihn an der Kehle, um ihn fernzuhalten. Der Wolf trat und strampelte, biss ihn aber nicht. Der Junge hielt immer noch sein Gewehr in der Hand, und als es ihm gelang, einen Schuss abzugeben, verschwand der Wolf sofort. Zu dieser Zeit trug Poyrier Jagdkleidung, die dick mit Hirschduft eingerieben war. Eine mögliche Erklärung für den Angriff ist, dass der Wolf ein Reh gejagt und den Jungen mit seiner Beute verwechselt hat.

Es gibt verschiedene Fälle in denen Wölfe Hunde angriffen, die zu ihrem Herrn zurück rannten. Bei einem Zwischenfall, ebenfalls in Minnesota, war der Wolf so wild darauf, den Hund zu schnappen, dass er tatsächlich das Hemd des Mannes, der seinen verängstigten Vierbeiner im Arm hielt, zerriss. Für einen kurzen Augenblick schaute der Holzfäller Sanford Sandberg direkt in das geöffnete Maul des Wolfes, bevor das Tier herunterfiel und in den Busch rannte.

In den ländlichen Bezirken von Kanadas westlichen Provinzen, von Manitoba bis British Columbia und nach Norden bis zum Yukon, berichten lokale Zeitschriften oft über Wölfe, die nachts die Gärten und Höfe der Menschen betreten und ihre Hunde töten und fressen. In einigen wenigen Fällen, wenn Menschen - durch das Bellen der Hunde alarmiert - dazwischen gingen, schnappte der Wolf nach ihnen - vermutlich in dem Versuch zu flüchten. Solche Zwischenfälle sind besonders beunruhigend, wenn Kinder beteiligt sind.

Am 28. April 1987 liefen drei Kinder zwischen acht und zwölf Jahren nach der Schule auf der Sturgeon Point Road, in der Nähe von Vanderhoof, British Columbia, nach Hause. Ihr Schäferhund rannte voraus. Plötzlich sprangen drei Wölfe aus den Büschen, griffen den Hund an und verletzten ihn am Ohr, bevor er durch einen Stacheldrahtzaun entkommen konnte. Einer der Wölfe kam nur wenige Meter an die Kinder heran, bevor er durch den Zaun wegrannte und sich anscheinend dabei verletzte. Um die Bürger des Ortes zu beruhigen, fügte die Zeitschrift, die über den Zwischenfall berichtete, eine Erklärung des örtlichen Umweltschutzbeauftragten hinzu, dass es keine Beweise dafür gebe, dass die Wölfe die Kinder verletzen wollten. Im ganzen Gebiet wurden Giftköder ausgelegt, um die Wölfe zu töten.

Die oben erwähnten Ereignisse machen deutlich, dass wilde Wölfe nicht unbedingt durch die Nähe von Menschen abgeschreckt werden. Eine gefährliche Situation kann sich entwickeln, wenn die Wölfe sich öfter an Müllhalden aufhalten und sich daran gewöhnen, Menschen zu sehen, von denen sie nicht belästigt werden. Im Sommer 1978, in der Wildnis des westlichen Ontario, an der Grenze zu Manitoba, sahen Holzfäller häufig Wölfe, die furchtlos zu sein schienen. Am Morgen des 1. November ging die Camp-Köchin, eine Ojibwa-Indianerin namens Elsie Wolfe, die Suffle-Lake-Straße entlang, in der Hoffnung, ein Auto anhalten zu können, das sie in die Klinik in Red Lake mitnahm, wo sie ihren Vorrat an Medizin für ihre Epilepsie auffüllen wollte. Sie kam niemals dort an. Zehn Tage später wurden ihre Überreste von einem Jäger gefunden, der zwei Wölfe und mehrere Raben von der Stelle fortgescheucht hatte. Obwohl die Einheimischen glaubten, dass die Frau tatsächlich von den Wölfen getötet worden war, ist die offizielle Version, dass Elsie einem Epilepsieanfall erlegen ist, bevor ihr Körper aufgefressen wurde. Ein paar Jahre früher verschwand im selben Distrikt ein Pilot. Sein Flugzeug wurde ein paar Tage später gefunden, aber alles, was von dem Mann übrig geblieben war, waren ein paar abgenagte Knochen.

Im Winter 1992/1993 erschreckte ein einsamer Wolf, der sich in der Nähe des Holzfällercamps Fort Nelson, British Columbia, aufgehalten hatte, zwei Holzfäller zu Tode. „Er zögerte überhaupt nicht und kam direkt auf mich zu“, sagte Tony Buerge. Er hatte geschrieen und mit den Armen gefuchtelt, während sein Partner auf einen Baum geklettert war. Indem er ihn mit seinen schweren Stiefeln trat, hielt Tom das angreifende Tier sieben Minuten in Schach. Er warf seinen Schutzhelm nach dem Wolf, und während der an den mit Schaumstoff gefüllten Ohrenschützern zu kauen begann, nutzten die Männer die Gelegenheit und rannten zu ihrem Truck, um ein Gewehr zu holen.

Bedingungen, die es Wölfen ermöglichen, sich an Menschen zu gewöhnen, die ihre Anwesenheit auch aus der Nähe tolerieren, bestehen besonders in Nationalparks, wo das Besucheraufkommen hoch ist. In der Nacht vom 9. August 1987 betrat ein einsamer Wolf den Whitefish-Campingplatz im Algonquin Park, Ontario, und biss in den Unterarm eines 16 Jahre alten Mädchens. Sie hatte am Feuer gesessen als ein Wolf, der von zwei Jungen gejagt worden war, an einer Gruppe von Kindern vorbei rannte und direkt auf sie zukam. Sie leuchtete ihm mit der Taschenlampe ins Gesicht, worauf der Wolf sie biss, dann losließ, an einem Zelt kratzte und einen Schuh fortschleppte. Die Wunde war nur oberflächlich, aber auf Anraten von Ärzten wurde das Mädchen ins Krankenhaus gebracht und mit Tollwutimpfstoff behandelt. Parkranger erschossen den Wolf noch später in der Nacht und schickten den Kadaver zum Tollwuttest ein. Er war negativ.

Vor dem Beißzwischenfall war ein zahmer oder furchtloser Wolf öfter an der Parkstrasse gesehen worden. Während der Monate Juli und August schien sich das Verhalten des Wolfes gegen die Menschen zu richten. Er lief auf Menschen, die nachts wie die Wölfe heulten, zu, sprang an Autotüren hoch und stieß mit Menschen zusammen. Es wurde sogar berichtet, dass er am Kragen eines Mannes und den Haaren einer Frau zog. Im Jahr davor hatte sich ebenfalls ein furchtloser Wolf an den Parkstrassen aufgehalten.

Mitte der siebziger Jahre wurde ein zahmer Wolf mit Namen „Rosie“ ziemlich berühmt, und ein Jahrzehnt früher, 1963, war ein ungewöhnlich zahmer Wolf erschossen worden. Auch er hatte keine Tollwut. Jedoch sprach keiner der früheren Berichte von einem Tier, das so unverfroren war wie der Wolf 1987, noch empfanden die menschlichen Beobachter sie als eine Bedrohung. Tatsache ist, dass der Beißzwischenfall 25 Jahre lang der einzige war, bis es 1995 zwei neue Fälle gab. Betroffen waren eine junge Frau von zwanzig und ein Junge von neun Jahren. Der letztere wurde ziemlich schwer in die Seite gebissen, während er nachts einen Wanderweg entlang ging. 1996 betrat ein furchtloser Wolf nachts einen Campingplatz und schlug seine Fänge in den Kopf eines zwölfjährigen Jungen, der im Freien schlief. Er wurde mehrere Meter mitgeschleift. Beide Wölfe wurden erschossen und auf Tollwut getestet, das Ergebnis war negativ.

Im Juli 1988 wurde Meike Marsh außerhalb seiner Hütte am Tibbles Lake, westlich von Quesnell, British Columbia, unsanft geweckt, als ihn ein Wolf aus seinem dicken Schlafsack zog. Der Wolf zog sich ein paar Schritte zurück als Meike schrie. Als sein Bruder aus der Hütte kam und beide Männer den Wolf anschrieen, lief das Tier langsam außer Sichtweite. Der Wildbeamte Al Lay glaubte, dass der Wolf daran gewöhnt war, an einer nahe gelegenen Müllhalde zu fressen und dass er den Schlafsack mit Müll verwechselt haben könnte. Ein Wolf - vermutlich dasselbe Tier - wurde später von einem ortsansässigen Rancher erschossen.

Ähnliches geschah am 17. August 1996 im Algonquin Provincial Park in Ontario, Kanada. Dort holte ein Wolf den elf Jahre alten Zachary Delventhal aus seinem Schlafsack. Als er ihn fortziehen wollte, schnappte er den Jungen ins Gesicht und verursachte eine Wunde, die mit 80 Stichen genäht werden musste. Mech ist der Auffassung, dass der Wolf versucht haben könnte, nicht den Jungen, sondern seinen Schlafsack zu greifen.

Mech selber hat die letzten 13 Sommer damit verbracht, mit einem Rudel von 16 wilden Wölfen in der Arktis, 600 Meilen vom Nordpol entfernt, zu leben. Nur die dünne Nylonwand seines Zeltes trennte ihn von den Wölfen. Keiner von ihnen hat Mech jemals Furcht eingeflößt. Gelegentlich versuchten die Wölfe, seinen leeren Schlafsack aus dem Zelt zu ziehen. Ein anderes Mal versuchten sie, mit einem Schlafsack davon zu rennen, den er in der Tundra gelüftet hatte. Wölfe scheinen - ebenso wie Hunde - von weichen, lockeren und pelzähnlichen Gegenständen angezogen zu werden, mit denen sie spielen oder die sie auseinander reißen. Unabhängig von der Absicht des Wolfes bei dem Zwischenfall im Algonquin-Park, ist der entscheidende Faktor, dass die Tiere sich an Menschen gewöhnt hatten. Einige Tage vor dem Angriff auf Zachary war der Wolf mit Rucksäcken, Tennisschuhen und anderen menschlichen Gegenständen davongerannt. Er hatte sogar menschliches Essen gefressen.

Mit anderen Worten, ebenso wie Bären, die sich von Müllhalden, aus Mülleimern oder von Funden auf Campingplätzen ernähren, so hatte dieser Wolf nicht nur seine Angst vor Menschen verloren, er wurde dafür auch noch belohnt. Während diese Kombination der Umstände nicht immer zu Zwischenfällen führt, bei denen Menschen verletzt werden, so scheint es eine prädisponierte Kondition zu sein. Einfach ausgedrückt: es ist kein Grund dafür, dass Wölfe Menschen verletzen, aber es scheint eine notwendige Voraussetzung dafür zu sein.

Wesentlich beunruhigender jedoch als die oben beschriebenen Zwischenfälle sind Ereignisse in Europa und Asien, wo Wölfe offensichtlich Menschen getötet und verletzt haben. Seit Jahrhunderten kommen diese Berichte aus Russland, China, dem mittleren Osten und sogar Spanien und anderen europäischen Ländern. Viele dieser Berichte stammen ohne Zweifel von tollwütigen Wölfen, die - ebenso wie Hunde, Eichhörnchen oder Stinktiere - Menschen angreifen. Viele andere Berichte sind eindeutig Erfindungen oder extreme Übertreibungen, so wie der Zeitungsbericht von 1911 aus Taschkent, der behauptete, dass Wölfe eine komplette Hochzeitsgesellschaft von 130 Menschen getötet hätten.

Solche offensichtlichen Erfindungen neigen dazu, ernsthafte Berichte, die nützlich sein könnten, zu verschleiern. Trotz allem sind jüngste Berichte von Wölfen, die in Indien Menschen getötet haben, von qualifizierten Fachleuten untersucht worden und scheinen wahr zu sein. Von März bis Oktober 1996 wurden angeblich 64 Kinder von einem oder mehreren Wölfen im indischen Bundesstaat Uttar Pradesh getötet. Dr. Yadvendradev Jhala, ein in den USA trainierter Wolfsbiologe, der Wölfe in seinem Heimatland Indien studiert, untersuchte diese Berichte und versuchte zu bestimmen, ob ein anderes Tier außer dem Wolf oder Wölfen an der Tötung beteiligt war.

Im März und April 1997 wurden weitere neun bis zehn Menschen im selben Gebiet anscheinend Opfer von Wölfen. Fast alle dieser Opfer waren Kinder unter zehn Jahren, die am Rand von kleinen Dörfern in dicht bewachsenem Unterholz gespielt hatten oder austreten waren. In dem Gebiet gibt es sehr wenig wilde Beute, und das meiste Nutzvieh wird sehr gut behütet. Zum Zeitpunkt ihres Todes waren die Kinder unbeaufsichtigt, vielleicht auch von ihren Eltern vernachlässigt. Weil die indische Regierung Eltern, deren Kinder von wilden Tieren getötet wurden, mit mehr als einem durchschnittlichen Jahresgehalt entschädigt, glauben indische Biologen, dass dies ein Anreiz für Eltern sein könnte, ihre Kinder nicht so genau zu beobachten wie sonst. In Gegenden, wo die Tötungen geschahen, treiben sich Wölfe häufig in den Dörfern herum und betreten sogar manchmal die Hütten, in denen die Menschen leben. Sie haben offensichtlich ihre Angst vor Menschen verloren; vielleicht sind sie auch so verzweifelt wegen mangelnder Beute, dass sie daher in der Nähe von menschlichen Behausungen nach Nahrung suchen. Diese Kombination aus mangelnder Angst, Nähe zu Menschen und der Anwesenheit vieler kleiner Kinder in dichtem Gehölz bringt vermutlich in einigen mutigeren Wölfen die Tendenz hervor, mit dieser neuen Art von Beute zu experimentieren. Vermutlich brauchte es viele Versuche der Wölfe, bis es ihnen tatsächlich gelungen ist, ein kleines Kind zu ergreifen. Aber nachdem einer oder zwei erfolgreich waren, könnte die Belohnung genug gewesen sein, eine bestimmte Charaktereigenschaft in der örtlichen Wolfspopulation hervorzubringen.

Vergleicht man zu guter Letzt alle Zwischenfälle, bei denen Wölfe Menschen angegriffen haben, dann zeigen wilde Wölfe ungewöhnliche Zurückhaltung, sogar bei den ärgsten Provokationen, wenn Menschen in ihre Höhlen eindringen und die Welpen heraustragen. Tatsache ist, dass es fast schon ein Wunder ist, dass Angriffe auf Menschen so selten sind, ein Tribut an die Intelligenz und scheue Natur dieses einst so gefürchteten Beutegreifers. Dennoch ist es wichtig, dass Menschen verstehen, dass Wölfe große Beutegreifer sind. Ebenso wie Bären, Berglöwen und Haushunde sollte man sie als potentiell gefährlich betrachten. Dies bedeutet nicht, dass wir Wölfe mit einer ungesunden Angst betrachten sollten, oder dass wir zurück zu der Zeit gehen müssen, in der Wölfe noch als Dämonen angesehen wurden. Es bedeutet nur, dass wir Wölfe mit demselben gesunde Respekt betrachten sollen, wie jedes andere potentiell gefährliche Tier.

*(Wolf Magazin 3/99)*

## Wolf und Beute

Von Elli H. Radinger

Silvestermorgen in einem kleinen Blockhaus mitten in der Wildnis im nördlichen Minnesota. Während der Nacht war das Thermometer auf etwa minus 30 Grad Celsius gefallen, und etwa 30 cm frischer, weißer Neuschnee glitzerte in der Morgensonne. Ein herrlicher Tag.

Nach einem kräftigen Frühstück füttere ich den immer hungrigen Hohlzofen, um sicher zu sein, dass die Hütte auch nach meiner Rückkehr noch warm ist. Dann hält mich das kalte, schöne Wetter nicht mehr drinnen. Ich schnalle meine Schneeschuhe an und laufe hinunter an den See, der einsam und unter einer dicken Schneeschicht vor mir liegt. Nur ein paar Spuren zeigen, dass ich nicht das einzige Geschöpf in dieser Wildnis bin.

Ich erkenne anhand der Spuren, dass hier offensichtlich ein Reh auf der Flucht war. Dann sehe ich die zweite Spur und beginne zu erahnen, welches Drama sich vor nicht allzu langer Zeit hier abgespielt haben muss. Dies hier sind eindeutig die Spuren eines großen Wolfes. Sofort sind Kälte und Schnee vergessen.

Meine Blockhütte liegt mitten im Wolfsgebiet, und während der letzten Nächte hatte ich oft in den sternenklaren Himmel geheult in der Hoffnung auf eine Antwort – bisher leider vergeblich. Aber nun habe ich einen Beweis. Ich beschließe, den Wolfsspuren zu folgen. Vielleicht führen sie mich ja zu einem Wolfskill, vielleicht kann ich sogar einen Wolf sehen.

Ich schnalle meine Schneeschuhe ab und folge dem Wolf in den dichten Wald. Und hier merke ich auch, wie armselig ich mit meinen zwei menschlichen Beinen ausgestattet bin. Die Spur des Wolfes führt über Stock und Stein, durch tiefstes Dickicht, über Klippen und Felsen und dann wieder über große, weite, schneebedeckte Felder. Nur mühsam komme ich im meist knietiefen Schnee vorwärts. Ich versuche, leise zu sein, aber sowohl mein angestrengtes Keuchen als auch das Krachen der Zweige, auf die ich trete, geben mir keine Chance gegen das lautlose Raubtier, das sich elegant und sicher irgendwo vor mir bewegt.

Gelegentlich treffe ich auf eine Stelle, an der sich das Reh ausgeruht hat und die ausgiebig vom Wolf markiert worden ist. Dann plötzlich finde ich weitere Wolfsspuren, die aus anderen Richtungen hier zusammen treffen. „Mein“ Wolf ist also offensichtlich nicht allein. Vielmehr hat sich nun das ganze Rudel gezielt auf die Jagd gemacht. Dennoch gilt mein Mitgefühl den Wölfen. Hier lässt sich sehr gut sehen, dass das Reh mit seinen langen Beinen im hohen Schnee eindeutig im Vorteil ist.

Der Winter ist hart in Minnesota. Seit ich in dieser Blockhütte ohne Strom und fließendes Wasser lebe, kann ich nachempfinden, wie viel Kraft und Energie das Überleben im Winter kostet. Je mehr ich mit der Natur lebe, um so mehr beginne ich, wie der Wolf zu empfinden, fühle seinen Hunger, weiß, dass er Nahrung braucht, um zu überleben. Ich werde zu einem Teil der Natur; Tod und Leben gehören mit dazu. Es gibt keinen „bösen“ Wolf und kein „armes“ Reh mehr. Jeder hat gleiche Chancen. Es gibt nur noch das Überleben im natürlichen Rhythmus der Wildnis. Alles hat seinen Platz, und alles hat seinen Sinn. Die Natur braucht uns sicher nicht zum Überleben.

Dies ist mir an diesem Silvestermorgen ganz besonders bewusst geworden. Nach aufregenden fünf Meilen Spurensuche gebe ich schließlich auf und kehre zur Hütte zurück. In dieser Nacht sind meine Gedanken bei „meinem“ Wolf, und ich wünsche ihm stillschweigend Glück für das neue Jahr – und immer einen vollen Magen.

*(Editorial, Wolf Magazin Frühjahr 1993)*

## Der Wolf am Fenster

Von Ellen Hawkins

Klopf – klopf – klopf! Ein lautes und beständiges Klopfen schreckte uns aus dem Schlaf. Wer kam mitten in der Nacht in unsere verschneite Blockhütte in der Wildnis der Northwoods? Gary griff sich die Taschenlampe und eilte in die Küche. Dann, als er feststellte, dass das Geräusch von der Veranda kam, richtete er den Lichtstrahl auf das bis zum Boden reichende Fenster im Wohnzimmer. Als ich ihn sah, stand er wie festgefroren.

„Mein Gott, Ellen, es ist der Wolf!“

Sprachlos schauten wir auf das Gesicht, das gegen das Glas gepresst war, auf die feurigen, gelben Augen und die breite Halskrause eines erwachsenen Timberwolfes. Dieser Wolf war uns nicht fremd. Ich hatte ihn zum ersten Mal eine Woche vorher gesehen, zusammengerollt bei einem Rehkadaver auf einer Lichtung am Fuße unseres Berges.

Während der kältesten Wintermonate versorgte uns das Minnesota Department of Natural Resources mit überfahrenem Rehwild, um dies als Wildfutter zu nutzen. Wir ziehen die Kadaver mit Schlitten zu einer Lichtung, etwa 200 Meter entfernt und mit vollem Blick auf unser Haus. Es ist ein Ort, wo die wilden Tiere Nahrung finden und sich sicher fühlen können, eine Meile von der Straße entfernt und vom Superior National Forest umgeben.

Den ganzen Winter über ernähren sich hier Vögel, Füchse, Marder und Wiesel. Wölfe halten selten an, und wir sind glücklich, wenn wir sie heulen hören oder ihre Spuren finden. Obwohl dieser Teil des Staates ihre Hochburg im ganzen Land (außerhalb von Alaska) ist, sieht man sie sogar hier nicht oft. Ihre Zahlen verteilen sich spärlich über Tausende von Quadratkilometern Land. Ihre Seltenheit und scheue Art bedeuten, dass ein Blick auf einen Timberwolf sehr selten und die Gelegenheit, einen zu beobachten, ein besonderer Leckerbissen ist.

Als ich zum ersten Mal den Wolf am Rehkadaver sah, beobachtete ich ihn aufgeregt vom Wohnzimmerfenster aus und schrieb in mein Tagebuch, als er aus seinem Schlaf erwachte, seine Pfoten leckte, aufstand und sich ausstreckte:

„**8. Dezember**. Der Wolf ist endlich aufgestanden, und ich kann sehen, dass er ziemlich dunkel ist, sein Haupthaar grau mit schwarzen Spitzen, mit hellen Augenbrauen und Wangen und rötlichem Fell hinter den Ohren. Seine lohfarbenen Beine scheinen spindeldürr über diesen großen Pfoten. Und er hat ein Radiohalsband an. Ich wusste nicht, dass in diesem Teil des Waldes irgend jemand Wölfe studiert.

Ein Wolf verzaubert den Ort, an dem er sich befindet. Hier ist die gleiche bekannte Szene, die dunkle Kontur des Waldes, der auf den weißen Schnee der Lichtung trifft, die großen Fichten im Vordergrund und die vertikalen Linien der jungen Espen, die sich im Osten verdichten. Aber jetzt ist der Wolf da, und es gibt eine Konzentration von größter Wichtigkeit. Die eingefrorene Szene ist plötzlich mit Leben erfüllt."

Aber meine große Aufregung, ihn hier zu haben, wurde bald gedämpft. Ich schrieb:

„Dies ist ein verletzter Wolf. Er hält seine rechte Pfote hoch und humpelt. Ein paar Mal ist er im weichen Schnee auf dem Weg zwischen dem alten Kadaver am Wald und dem neuen Kadaver auf der Lichtung hingefallen. Sein Schwanz ist fest eingeklemmt, außer wenn er Raben jagt, dann hält er ihn leicht aufrecht.

Seine Bewegungen scheinen steif und unbeholfen. Er ist sehr dünn. Wenn er sich von mir weg dreht, sieht sein Körper schmaler aus als sein Kopf. Und er scheint von den Dingen nicht begeistert zu sein. Er ist schlapp, unentschlossen und unglücklich.

Als er zuerst aufwachte, betrieb er ein wenig Körperpflege, aber ansonsten blieb er liegen, entweder eng zusammengerollt, oder er beobachtete mit leicht zurückgestellten Ohren die Raben. Die Raben wurden mutiger, und er konnte es kaum aushalten, sie bei dem Rehkadaver zu sehen. Sie fielen aus den Bäumen auf das jeweilige Reh herunter, an dem er gerade nicht war, und er musste sich beeilen, um zu ihnen zu kommen und sie hoch zu scheuchen. Sie versammelten sich auf dem anderen Reh, und wieder musste er los."

„**10. Dezember**. Der Wolf ist immer noch bei dem Reh. Falls er es jemals verlässt, muss das wohl in der Nacht sein. Er scheint schwächer und hat den älteren Kadaver schon den Raben überlassen. Nun ist seine einzige Art, den jetzigen Kadaver zu verteidigen, sich auf ihn zu legen. Dennoch schleichen sich die Raben näher. Der Wolf, der sie mit dem Kopf auf den Pfoten beobachtet, kräuselt seine Lippen. Plötzlich schießen die Raben wieder mit aufgeregtem Geflatter auf. Der Wolf hat wohl geknurrt. Aber eine Minute später sind die Vögel wieder da.

Ich beobachte Gary, als er den Schneeschuhpfad hinunter geht, außer Sicht, aber nicht außer Gehör. Als er den Fuß des Hügels erreicht, steht der Wolf auf und beobachtet ihn aufmerksam, die Ohren aufgerichtet. Aber einen Augenblick später entspannt er sich und legt sich wieder hin."

„**12. Dezember**. An diesem Morgen, dem fünften Tag, schien es Zeit, ihm noch ein Reh zu bringen. Er scheint nicht mehr so viel Energie wie vorher zu haben. Aus der Art und Weise, wie er sich schüttelt und streckt, nehme ich an, dass er nicht mehr so viel Kraft zu haben scheint. Die meiste Zeit verbringt er liegend und scheint manchmal zu husten. Selbst wenn an dem alten Kadaver noch Fleisch übrig ist, ist dies sicher für ihn zu schwer zu erreichen.

Bis jetzt hatten wir immer noch versucht, außer Sicht zu bleiben, damit er sich bei dieser leichten Futterquelle wohl fühlt. Nun stand ich vor dem Haus, wo er mich sehen konnte, und hoffte, dass er sich irgendwie an uns gewöhnt hätte. Während der letzten Tage hatte er sicherlich schon einige Gerüche von uns aufgenommen und uns kurz gesehen. Aber nein, er stand sofort auf, eilte in den Wald und schaute über seine Schulter nach mir zurück. Ich legte das Reh hin und verschwand. Aber er kehrte nicht zurück."

„**13. Dezember**. Der Wolf ist wieder da. Er hat ein wenig gegessen, aber dann die meiste Zeit des Tages damit verbracht, zwischen den zwei Kadavern in der Mitte der Lichtung zu liegen. Er gibt sich keine Mühe mehr, die Raben wegzujagen. Sie sind überall auf den beiden Kadavern."

Beim Sonnenuntergang desselben Tages war er verschwunden. Zehn Stunden später wurden wir mit seinem Gesicht konfrontiert, das sich gegen unsere Scheibe presste. Als wir dorthin starrten, zu erstaunt, um irgend etwas zu tun, sahen wir noch einmal die Nase des Wolfes hart gegen das Glas stoßen, bevor das Gesicht sich aus dem Lichtschein zurück zog. Wir hörten knirschende Schritte im Schnee an der Ecke des Hauses – dann Ruhe. War er fort? Wir kratzten ein Loch in das Eis vom Südfenster und fanden uns wieder mit dem Wolf Blicke austauschend. Das Dach von unserem hügelartigen Gewächshaus lehnt genau mit dem Südfenster an das Haus. Der Wolf war eine Schneewehe hinauf auf das Gewächshaus geklettert und saß nun an das Fenster gelehnt, während er über seine Schulter nach uns schaute.

Nun begann hektische Aktivität: Wir sammelten Hühnerreste, Soße,

Butter und heißes Wasser, schlüpften in unsere Parkas und eilten hinaus, um zu sehen, was der Wolf wollte. Gary warf das Huhn auf das Dach des Gewächshauses und schob die Schüssel mit den Soßenresten mit einem Schneeschieber auf ihn zu. Ich stand zur Rückendeckung mit der Taschenlampe hinter Gary. Wir glaubten nicht, dass ein normaler Wolf einen Menschen angreifen würde. Aber dieser Wolf tat etwas, wovon wir noch nie gehört hatten. Wir wussten nicht, was wir erwarten konnten. Der Wolf beobachtete nur. Er schaute wachsam zuerst auf uns, dann auf das Essen.

Nun neue Ungewissheit. War er vielleicht unterkühlt? Wollte er herein kommen? Konnte er? Wie konnten wir ihn überhaupt hinein bekommen? Diesen Wolf, den wir die ganze Woche beobachtet und uns um ihn gesorgt hatten, konnten wir nicht einfach dort lassen. In dieser stillen, mondlosen Nacht betrug die Temperatur etwa 30 Grad Celsius unter Null. Sicherlich würde es helfen, ihn an einen wärmeren Ort zu bringen. Gary brachte eine Decke, ging langsam entlang der Kante des Gewächshauses hinter den Wolf und warf sie über den Rücken des Tieres. Der Wolf sprang auf und legte sich danach wieder. Wir dachten, es würde uns vielleicht gelingen, ihn einzufangen. Darum ging ich zum Stall, um den Ofen anzumachen, weil ich dachte, dass der Stall vielleicht der richtige Platz für ihn sei. Gary holte die grüne Decke. Als ich zum Haus zurück ging, kam Gary um die Ecke und trug ein in Decken gewickeltes Bündel. Er hatte die Decke über den Wolf geworfen und, als er keine Abwehrreaktion spürte, sie um das Tier gewickelt und ihn über das glatte Dach an die Kante gezogen. Er schaute noch einmal unter die Decke, um zu sehen, wo der Wolf war, und deckte ihn erneut zu. Dann hob er ihn auf seine Arme. Der Stall war vergessen. Ich öffnete die Tür, und Gary trug ihn hinein. Als ihn langsam seine Kräfte verließen, legte er den Wolf sacht auf den Wohnzimmerboden. Er nahm die Decke fort und ging zurück. Der Wolf schaute sich halb betäubt um. 25 Minuten nach dem Klopfen am Fenster war er in unserem Haus.

Was nun? Zuerst mussten wir Tom holen. Er ist unser Freund und Nachbar, der einzige Nachbar innerhalb von 12 Meilen, und wir wussten, dass er dabei sein wollte. Auf Schneeschuhen machte ich mich auf den eine halbe Meile langen Weg. Ich begrüßte die Chance, die Ereignisse der Nacht zu überdenken . Im Sternenlicht war der Weg nur vage sichtbar. Die Kälte, die an meinen Lungen zerrte, ließ die Bäume knacken, das einzige Geräusch, das die Stille durchbrach. Ein Meteor schoss über den Horizont, wo die dunkle Form von Toms Hütte schimmerte. Tom war durch meine Begrüßung ein wenig überrascht: „Eil dich! Da ist ein Wolf in unserem Haus." Und bevor ich eine Chance hatte, ihm die ganze Geschichte zu erzählen, war er schon zum Abmarsch bereit.

In der Zwischenzeit traf Gary Vorbereitungen für den Fall, dass der Wolf aktiver werden würde. Er legte mehr Holz in den Ofen, teilte das Wohnzimmer so gut wie möglich ab und räumte zerbrechliche Sachen auf die Seite. Als Tom und ich ankamen, waren die kleinen Eisstücke, die das Fell des Wolfes bedeckt hatten, abgetaut. Wir beobachteten ihn, wie er sich aufsetzte, umherschaute und zu der schmalen Stelle zwischen Sofa und Ofen ging. Dort legte er sich hin, den Kopf und die Schultern gegen das Sofa gelehnt, uns zugewandt.

Wir drei saßen in der Küche und flüsterten. Wir wollten ihn so wenig wie möglich stören. Wir waren aufgeregt, ehrfürchtig und – zumindest ich – ein wenig besorgt. Was war am besten zu tun? Es war 3.30 Uhr Samstag Morgen. Wir beschlossen, bis zum Morgengrauen zu warten.

Unsere kurzen Blicke in das Wohnzimmer wurden vom ständigen Blick aus diesen leuchtend goldenen Augen erwidert. Schließlich wurde die Gegenwart eines Wolfes im Wohnzimmer unwiderstehlich, und wir gingen hinein und setzten uns auf die Fensterbank, einfach nur, um ihm näher zu sein.

Still leisteten wir dem Tier, das für uns immer das Wesentliche der Wildnis repräsentiert hatte, Gesellschaft. Und wir rätselten über die Ereignisse, die diese Kreatur in unser Heim gebracht haben mochten. Sein Radiohalsband schlug eine Antwort vor. Vielleicht hatte er vorher schon Kontakt zu Menschen, mehr als ein einzelnes Treffen mit einem Wildbiologen.

Er machte sicherlich nicht den Eindruck, als ob unsere Gegenwart ihn aufregte. Zweimal stand Gary neben ihm, um mehr Holz in den Ofen zu legen, und der Wolf blieb weiterhin gegen das Sofa gelehnt. Wir wissen, dass Wölfe sehr soziale Tiere sind, die mit Gesichtsausdruck, Gestik und Vokalisierung untereinander kommunizieren. Aber dieser Wolf schaute sich nur um und schnupperte ein paar Mal interessiert an der Wasserschüssel und den Fleischbrocken. Immer wieder war er fremden, menschlichen Geräuschen gegenüber wachsam. Das Klappern der Pfannen, das brennende Feuer, unsere Gespräche. Wir fühlten uns hoffnungsvoll. Wir hatten wundervolle Phantasien von einem scheuen, aber freundlichen Wolf, der sich bei uns erholte, bis wir ihn wieder in die Wildnis zurück bringen konnten. Wir verbrachten lange Augenblicke damit, ihn einfach nur zu bewundern: die eindrucksvolle

Breite seines schönen Kopfes, die üppigen Bündel seiner Gesichtskrause, die diese eindrucksvollen Augen umrahmten, das grauhaarige Fell in luxuriöser Dichte bis zur schwarzen Schwanzspitze. Bis jetzt hatte sich unser Hauptkontakt zu Wölfen darauf beschränkt, ihre Abdrücke entlang unseres Trails oder im Verlauf des Flusses zu sehen. Darum interessierte es uns besonders, die Pfoten des Wolfes von nahem zu sehen. Zwischen langen, biegsam aussehenden Zehen wuchsen federartige Büschel aus rötlichem Fell. Und nun konnten wir auch sehen, dass er einen Teil seiner Vorderpfote verloren hatte. Hatte er deshalb nicht jagen können? Vielleicht war das sein Problem?

Aber langsam merkten wir, dass sein Atem, der am Anfang ein wenig schnaufend war, sich verschlimmerte. Nach etwa einer Stunde war daraus ein schreckliches, tiefes Gurgeln geworden.

Gary ging zurück zum Sofa und setzte sich darauf hin. Ganz langsam rutschte er näher, bis seine Hand neben dem Kopf des Wolfes war. Dann strich er über seinen Kopf und seine Ohren. Wir konnten keine Reaktion feststellen. Gary schob seinen Finger unter das Radiohalsband und dachte, dass es zu fest war für ein Tier, das Atemschwierigkeiten hatte. Als der Wolf schließlich mit einigen Mühen aufstand und wieder neben dem Ofen flach hin fiel, nahm Gary das Halsband mit der Kombizange ab. Während dies und all die anderen fremden Dinge mit ihm geschahen, knurrte der Wolf niemals, noch zog er die Lefzen an, so wie er es bei den Raben getan hatte. Noch reagierte er ängstlich.

In sein abgetragenes Radiohalsband war die Nummer 6530 und eine Anschrift des US Fisch & Wildlife Service eingraviert. Mit Hilfe des Halsbandes fanden wir heraus, dass es sich bei dem Tier um einen wirklich wilden Wolf handelte. Aber mehr noch, wir sollten einen faszinierenden Einblick in seine Geschichte bekommen.

Seit mehr als 30 Jahren studiert der Biologe L. Dave Mich Timberwölfe, zuerst auf der Isle Royale im Lake Superior und dann im nördlichen Minnesota. Eine Technik, die er und seine Mitarbeiter bei Wolfsstudien perfektioniert haben, ist Radiotelemetrie. Sie bringt wichtige Einblicke in alle Bereiche der Wolfsökologie, Informationen, die auf andere Art und Weise schwierig zu erhalten wären.

Schauen wir zurück auf Mechs Aufzeichnungen im Dezember 1973: eine Wölfin läuft durch den Wald östlich der nördlichen Minnesota Iron Range. Sie wandert über ein Jahr alleine und überquert dabei große Gebiete bewaldeten, felsigen Seengebietes im Superior National Forest. Ihre Route umläuft etwa 2.400 Quadratmeilen.

Eine Begegnung mit der Falle eines Wildbiologen hinterlässt sie mit einem Radiohalsband, das ihren Standort den Forschern im Flugzeug offenbart und eine Nummer für deren Aufzeichnungen hinterlässt: 2473.

Dann trifft sie einen einsamen Wolf, und gemeinsam besetzen sie ein Territorium. Es reicht für ihre Bedürfnissen aus. Unbeeinflusst von anderen Wolfsrudeln bieten ihre 40 Quadratkilometer ausreichend Futter für sie und ihre Jungen. Und in diesem wenig bevölkerten Gebiet geraten Menschen und Wölfe selten in Konflikt. Im Frühjahr bekommt sie ihren ersten Wurf Welpen, und sie werden bei den Forschern als das Perch-Lake-Rudel bekannt.

Vier Jahre später blüht und gedeiht das Perch-Lake-Rudel. Wolf 2473 hat eine Tochter, die die neue Alpha-Wölfin des Rudels wird. Ihr Partner ist ein Rüde, der hinzugekommen ist, nachdem ihr Vater während der Jagd- und Fallensaison 1974 verschwunden war. Bis 1985 werden diese zwei die Leitwölfe des Rudels bleiben. Sie sind auch die Eltern sämtlicher Nachkommen des Rudels, von denen viele von Forschern beobachtet werden.

Drei Welpen, die im Frühjahr 1982 geboren werden, bekommen Radiohalsbänder. So wie die meisten jungen Wölfe verlassen sie schließlich ihr Heimatterritorium zu unterschiedlichen Zeiten und entlang verschiedener Routen. Wolf 6441 verlässt das Gebiet im Mai 1983, gerade ein Jahr alt. Acht Monate später wird er von einem Trapper in Ontario, 115 Meilen nordöstlich, getötet. Wölfin 6443 verlässt ihr Territorium mit eineinhalb Jahren und lässt sich südöstlich vom Heimatgebiet nieder. Sie findet einen Partner, aber ihre Bemühungen, Junge großzuziehen, misslingen offensichtlich. Sie kehrt allein in ihr Heimatgebiet zurück. Und sie bleibt in diesem Gebiet und südlich und westlich davon größtenteils allein.

Ihr Bruder, Wolf 6530, der der Wolf an unserem Fenster werden sollte, bleibt beim Rudel, bis er etwa zwei Jahre alt ist. Dann beginnt er zu wandern. Drei Monate lang erforscht er den Wald im Westen. Dann zieht er nach Nordosten, und im August ist er in der Nähe von Alice Lake, etwa 35 Meilen von Zuhause entfernt. Die Forscher hoffen, dass er hier eine Partnerin findet und sein eigenes Territorium gründet. Aber im Frühjahr 1985 kehrt er zum Perch-Lake-Rudel zurück. Er bleibt zwei Monate bei ihnen, über seinen dritten Geburtstag hinaus. Im Juni ist er zurück in seinem Alice-Lake-Jagdgebiet.

Im gleichen Monat – auf einem Kanutrip in der Boundary Waters Canoe Area – sind wir begeistert, frische Wolfsspuren und Kot auf einer Portage zu finden, von der wir später lernen werden, dass sie nur drei Meilen von dem Punkt entfernt ist, den Forscher für Wolf 6530 aufgezeichnet haben. Schon früher hatten wir Wolfszeichen in dieser Gegend gesehen. Es ist möglich, dass sich Wolf 6530 in dem Territorium, das bereits von einem Rudel besetzt war, nicht willkommen gefühlt hat, und dass er darum seine Wanderschaft fortgesetzt hat. Die Biologen von der Luftüberwachung beobachteten ihn im August und 12 weitere Meilen südwestlicher und im September sehr dicht bei seinem Heimatgebiet.

Aber später in diesem Monat legt Wolf 6530 erneut die Entfernung zum Alice-Lake-Gebiet zurück, wo er sich auch im Oktober noch aufhält. Dann verliert sich sein Signal. Sein Aufenthalt bleibt unbekannt, bis er einen gefrorenen Rehkadaver an unserer Hütte findet, 25 Meilen südöstlich vom Perch-Lake-Rudel.

Der junge, weit gereiste Wolf 6530 lag auf dem Boden, erschreckend krank. Sein Atem kam mit grollendem Schnaufen. Wieder stand er auf und lehnte sich - schmerzhaft – direkt an den Ofen. Der Geruch von versengtem Haar füllte den Raum, als Gary hin eilte, um ihn fortzuziehen. Der Wolf stakste in die Mitte des Zimmers und brach dort zusammen. Dreimal streckte er sich mit heftigen Krämpfen auf dem Boden aus. Nach jedem schrecklichen, rasselnden Atemzug kam ein erschreckender Augenblick ohne Atem. Dann, krampfartig, ein gurgelndes Keuchen. Seine Lippen und Zungen wurden blau. Wir saßen dicht bei ihm und strengten uns mit ihm an, als er nach Atem rang.

Seine Pfoten berührten seine Schnauze. Er versuchte, aufzustehen, was ihm halb gelang. Er lag mit erhobenem Kopf und atmete leichter, aber dann kam eine neue krampfartige Welle. Wir klammerten uns an jeden langen Augenblick zwischen dem Ausatmen und dem keuchenden Einatmen. Aber dann streckte sich einer dieser Augenblicke zu lange hinaus, und Garys Berührung konnte ihn nicht mehr länger bewegen. Während wir neben seinem Kopf knieten, konnten wir sehen, wie sich seine Augen veränderten. Der Mittelpunkt verlor sich, und das Gelbe verschwand, als die Pupillen groß wurden. Wir konnten tief in sie hineinschauen und das Licht des Sonnenaufgangs in einem grünen Schimmer reflektieren sehen.

Wir saßen eine ganze Weile dort und trauerten, und wir schauten ihn uns näher an. Sein dickes Winterfell hatte das Ausmaß seiner Auszehrung versteckt. Unter ihm traten seine Knochen hervor. Er wog 55 Pfund, hätte aber mindestens 75 Pfund wiegen müssen. An seiner Unterlippe war ein Riss, eine alte Wunde. Seine Pfoten waren geschmeidig, die Sohlen weich und schwammig unter ihrer schwieligen Oberfläche, und die Fellpolster zwischen seinen Zehen waren seidig. Die rechte Pfote des Wolfes hatte drei Zehen verloren. An der linken Pfote war eine Zehe verkrüppelt. Auch das waren alte Wunden, die schon in Mechs Unterlagen seit 1983 registriert waren. Mech glaubt, dass sie vermutlich entstanden waren, als der Wolf in einer Fuchsfalle gefangen worden war, die Falle freigezogen und sie mit sich herum geschleppt hatte, bis die Zehen abgefault waren, ein Risiko für viele Wölfe Minnesotas während der Fallen-Saison.

Wir gingen hinaus, um zu sehen, was uns die Wolfsspuren über letzte Nacht sagen konnten. Wir fanden heraus, dass, obwohl er in den vorherigen Wochen überall durch die Wälder hinter der Lichtung gelaufen war und sieben Ruheplätze gefunden hatte, letzte Nacht das einzige Mal gewesen war, wo er zu unserem Haus kam. Er war bis an den Anfang unseres Schlittenweges gelaufen, den steilen, langen Hang hinaufgeklettert und dann dem Schneeschuhpfad um das Gebäude herum gefolgt.

Dort stand er, dann drehte er sich um und ging auf die Lichtung hinunter. Später hatte er sich unter einem großen Fichtenbaum zusammen gerollt, lange genug, um einen leichten Abdruck im Schnee zu hinterlassen. Dann kam er erneut auf den Hügel, den ganzen Weg diesen steilen Hügel hinauf, mit kleinen Schritten, aber ohne sich hinzusetzen, bis er wieder hinter dem Haus war. Dort schüttelte er sich und Teile von Zweigen und Nadeln, die sich in seinem Fell befunden hatten, flogen über den Schnee. Dann ging er auf die Terrasse, dicht am Haus entlang und quetschte sich zwischen einer Bank und dem Haus hindurch, wo heute noch ein Büschel wolliger Wolfshaare an einem verborgenen Nagel hängt. Und dann war er am Fenster, mit diesem uns verfolgenden Wolfsgesicht und diesem eindringlichen Klopfen.

Nachdem wir draußen waren, waren wir noch verblüffter als zuvor, was den Wolf zum Besuch bewogen hatte. Er hatte dabei so viel Energie verbraucht, dass nur noch wenig übrig geblieben sein musste. Wenn es eine zufällige, verrückte Tat gewesen sein sollte, dann wäre es logischer für ihn gewesen, in jede andere Richtung zu gehen, statt steil bergauf. Wir liefen in unseren Schneeschuhen zur Straße und fuhren in die Stadt, um Dave Mech anzurufen und einige Fragen zu stellen.

Mech wusste genau, worüber wir sprachen. Die Wanderungen von Wolf 6530 hatten ihn sehr interessiert, und diese Informationen über die letzte Reise des Wolfes und seinen Tod würden eine wertvolle Ergänzung seiner Unterlagen sein. Eine Autopsie ergab später, dass der Wolf an einer Lungenentzündung gestorben war, und Mech konnte so eine natürliche Todesursache feststellen, die bisher bei wilden Wölfen unbekannt war. Wolf 6530 musste auf irgend eine Art und Weise unter Stress gestanden haben. Mit großer Wahrscheinlichkeit war er zunächst einmal unterernährt; Beutetiere sind im Winter schwer zu reißen, besonders für einen einsamen Wolf, der zudem noch unter dem Schmerz einer alten Verletzung leidet.

Die Geschichte des Perch-Lake-Rudels faszinierte uns. Und sie half uns, mehr über Wolf 6530 zu erfahren. Wir hatten während dieser kurzen, intensiven Zeit ein tiefes Gefühl für ihn entwickelt. Durch seine Geschichte erfuhren wir mehr über ihn.

Mech konnte etwas über das große Geheimnis sagen, warum der Wolf zu unserem Haus gekommen war. So unglaublich es auch scheine, sagte er, sei es nicht ungewöhnlich für hungernde, wilde Tiere, in die Nähe menschlicher Behausungen zu kommen. Wölfe, Waschbären, Luchse und Bären haben sich alle schon vor ihrem Tod Menschen genähert. Dennoch passen diese Erklärungen nicht ganz auf diesen Fall. Das Haus ist zu weit von der Lichtung entfernt, als dass Wärme gefühlt werden könnte, und was das Essen anbelangt, so war noch genug Fleisch am Rehkadaver übrig – sowie Aussicht auf mehr.

Wir werden niemals wissen, was ihn dazu motiviert hat, zu uns zu kommen. Ich kann nur sagen, dass ich Wolf 6530 dankbar bin, dass er die letzten, verzweifelten Momente seines Lebens mit uns geteilt hat. Seine Tat gab uns ein Gefühl der Verbindung mit seiner Welt, das wir sonst niemals gehabt hätten; und unsere Verpflichtung, in Harmonie mit dieser Welt zu leben, war gestärkt worden. Wir werden das lebendige Bild des Wolfes am Fenster immer in uns tragen.

*(Ellen Hawkins war für den U.S. Forest Service 12 Jahre lang als Wildnis-Ranger tätig. Die meiste Zeit des Jahres lebt sie im nördlichen Minnesota, im Wolfsland)*
*(International Wolf, Spring 93, Wolf Magazin Sommer 93)*

# Eine Kanada-Reise der Superlative. Außergewöhnliche Begegnungen mit drei verschiedenen Caniden

Von Günther Bloch

*Die Gesellschaft zum Schutz der Wölfe führte vom 5. bis 16. Februar 1998 zum ersten Mal eine Reise in die kanadischen Rocky Mountains durch. Nach Rückkehr der aus acht Personen bestehenden Reisegruppe überwog dann auch die Skepsis der erwartungsvoll fragenden Leute: Na, habt ihr sie gesehen? Wen gesehen? Was gesehen? Ja, wir haben die Wölfe gesehen. Nicht nur einmal, sondern mehrfach. Aber nicht nur sie. Wir hatten einmalige Begegnungen mit unterschiedlichen Caniden: Dem Wolf (Canis lupus), dem Kojoten (Canis latrans) und schlossen zudem diverse Schlittenhunde (Canis lupus f. familiaris) in unser Herz. Doch erst einmal der Reihe nach.*

Unser Flugzeug landete pünktlich auf dem Flughafen Calgary und die bestellten Mietwagen brachten uns zum Bestimmungsort Canmore, der, umgeben von einer malerischen Gebirgslandschaft in unmittelbarer Nähe zum Eingang des Banff-Nationalparks gelegen ist. Am nächsten Morgen informierten uns die innerhalb des Wolfsprojektes der Zentral-Rocky-Mountains arbeitenden Biologen über den derzeitigen Aufenthaltsort eines 18-köpfigen Wolfsrudels. Direkte Sichtung: Fehlanzeige. Die Wölfe hatten in der Nacht zuvor einen Wapiti-Hirsch gerissen. Sicherlich vollgefressen verbrachten sie laut Telemetrie-Koordinationsdaten dösend und inaktiv ihre Zeit in einem nicht durchsichtigen Waldstück. Bereits am 7. Februar kam die Wende. Unsere Gruppe überprüft mittels diverser Ferngläser die Lage auf einem zugefrorenen See. Hier war das Wolfsrudel in den Wintern zuvor mehrfach gesichtet worden. Reiseteilnehmerin Marion ist noch etwas unschlüssig, doch dann beginnt sie zu zählen: Eins, zwei, acht, zehn, fünfzehn, sechzehn. Nein, es sind keine undefinierbaren dunklen Punkte, denn sie bewegen sich. Wenn auch mehrere Kilometer entfernt, erspähen nach und nach auch die übrigen Reiseteilnehmer die gemächlich durch den Nebel trottende Karawane. Wir haben das Rudel ausgemacht und beobachten es, begleitet von heftigem Herzklopfen, über eine Viertelstunde. Dann ist der Spuk wieder genauso schnell vorbei, wie er begonnen hat. Die erste Begegnung mit Canis lupus in freier Wildbahn hinterlässt zufrieden strahlende Gesichter und innerlich ein unglaublich entspannendes Glücksgefühl. Reiseteilnehmer Martin, dessen 6000 DM teures Fernglas Bemerkungen der Superlative erntet, wird spontan umgetauft:

Fortan heißt er nur noch "Eagle Eye", das Adlerauge.

Ansammlungen von Raben bringen uns auf die Spur der eigentlich schon längst erwarteten Kojotensichtung. Ein Vertreter der zweiten in Nordamerika wild vorkommenden Canidenform liegt gut sichtbar in der Nähe eines Waldrandes völlig entspannt in einer eigens geformten Kuhle auf einem zugefrorenen See. Es handelt sich um den mir aus Sommerbeobachtungen bestens bekannten Rüden, seine Gattin machen wir denn auch nicht weit entfernt im Wald aus. Bereits nach drei Tagen kann die Reisegruppe beide im Nationalpark frei lebenden Canidenformen auf der Wunschliste abhaken. Glück muss man haben. Glück nur dem, der es verdient ?

Mein kanadischer Freund Steve Wadlow zeigt den interessierten Reiseteilnehmern Hunderte, meist weibliche Wapiti-Hirschkühe (vergleichbar unserem Rotwild), diverse Dickhornschafe, unterschiedliche Rehwildarten und Adler. Dazwischen beobachten wir ein Kojotenpaar, das auf permanenter Futtersuche durch den nahe der Stadt Banff gelegenen, still verträumten Golfplatz schlendert. Der Rüde bahnt die Spur durch Tiefschnee, die Kojotin trottet im Abstand von wenigen Metern hinterher. Dieses Pärchen wurde berühmt, weil es während der Aufzucht im Sommer regelmäßig gestohlene Golfbälle zur Höhle trägt, wo die Welpen das neue Spielzeug begeistert entgegennehmen. Familie Kojote hat den mehrere Kilometer umfassenden Golfplatz zum Revier erklärt und erbeutet mitunter sogar kränkelnde bzw. verletzte Wapiti-Hirschkühe. Den mit stattlichen Geweihen ausgestatteten Hirschmännchen geht man lieber aus dem Weg, die Verletzungsgefahr ist halt doch ein wenig zu hoch. Auch in anderen Regionen des Nationalparks beobachten wir regelmäßig Kojoten und bestaunen ihr angepasstes Verhalten.

Da hat es der Wolf schon schwerer. In unmittelbarer Nähe der Stadt lässt er sich nicht blicken, so dass direkte Sichtungen sehr selten sind. Und dennoch: Am 10. Februar empfängt der Telemetriereceiver starke Signale. Die Wölfe müssen ganz in der Nähe sein. Innerhalb einer zugefrorenen Sumpflandschaft entdecken wir Reste eines Hirschkadavers, der sowohl von einer ganzen Rabenhorde als auch von Stein - und Weißkopfseeadler stark besucht wird. Geduldiges Ausharren auf einer Anhöhe bringt letztlich den erwünschten Erfolg: Gegen 14 Uhr sichten wir den Alpharüden. Er schleicht sich völlig lautlos an den Kadaver, verscheucht lästige Raben und legt sich gemütlich zum Fressen nieder. Wie ein Geist tritt die Alphawölfin aus der schützenden Deckung des Waldes, bleibt in einigem Abstand zum Rüden im Schnee liegen und überprüft die Umgebung sehr genau. Sie ist körperlich in ausgezeichneter Verfassung. Es ist die Wölfin Aster, die ich inklusive jeweiligem Nachwuchs jeden Sommer seit nunmehr vier Jahren beobachte. Es kommt ein beruhigendes Gefühl auf, Aster wohlauf zu sehen. Wir beobachten die Wölfe über mehrere Stunden. Der Alpharüde wälzt sich im Kadaver, uriniert um und auf die Nahrungsquelle. Dann reißt er ein Stück heraus, trottet zur Wölfin und präsentiert ihr schwanzwedelnd dieses Geschenk. Der Rüde nimmt den Liegeplatz ein und Aster läuft zum Kadaver, verscheucht hin und wieder anwesende Raben, frisst ein paar Brocken und wälzt sich genüsslich. Die Aktionen verlaufen ritualisiert und wie aus dem Lehrbuch. Langsam bricht die Dämmerung herein, und wir können die Wölfe nur noch schemenhaft erkennen. Die Reiseteilnehmer sind begeistert: direkte Wolfsbeobachtungen auf einen Kilometer Entfernung.

Mit Hilfe von Teleskop und Fernglas ist es kein Problem, jede Interaktion der Wölfe nachzuvollziehen. Einige Leute probieren ihre Videokameras mit großem Erfolg aus, über 42-fachen Zoom kann man jede Gestik genau erkennen.

Am nächsten Tag wollen die Wölfe gerade die Untertunnelung der Kanada-Autobahn 1 aufsuchen, so dass wir den Alpharüden mehr zufällig nur wenige Meter entfernt am Waldrand stehend entdecken. Danach sind die Wölfe wieder für einige Tage verschwunden. Wir freuen uns aber schon auf die Begegnung mit der dritten Canidenart, den Schlittenhunden. Einen ganzen Tag sind wir mit fünf Schlitten und je zehn Hunden in der kanadischen Wildnis unterwegs und lernen ein wenig, die Schlittengespanne zu lenken. Pure Gaudi ist angesagt. Mittagspause am Lagerfeuer, freundliche Kanadier und völlig entspannte Hunde während der Laufpausen. Hier sehen wir noch Huskies und Alaskan-Malamutes des alten Schlages, keine auf Rennmaschinen hochgezüchtete Nervenbündel. Hier sind die Musher um das Wohlergehen jedes einzelnen Tieres sehr bemüht, überprüfen regelmäßig deren Gesundheitszustand und legen angebrachte Pausen ein. Die Hunde sind von ihrer Arbeit sichtlich begeistert und zeigen immer wieder an, dass sie rennen wollen. Dennoch ist Besonnenheit gefragt, denn auch wenn man es bei winterlichen Außentemperaturen kaum vermuten würde, haben unsere Hunde das Problem, sich wohldosiert ihrer Körperhitze zu entledigen. Sie sind im Gegensatz zum Menschen eben keine Porenatmer. Erfahrene Hunde, wie unser Leithund Willy, teilen ihre Energie je nach Geländeform geschickt ein. Am Ende des unvergessenen Ausflugstages nehmen wir erstaunt zur Kenntnis, dass die Hunde trotz dreistündiger Pause fast 50 Kilometer Entfernung überbrückt haben. Wir unterhalten uns noch ein wenig über die Wölfe aus der Region, die die Musher jedoch äußerst selten zu Gesicht bekommen, auch wenn man sie hin und wieder heulen hört. Der Abschied von den Hunden ist angesagt. Die interessiert allerdings nur noch ein warmes und gemütliches Ruheplätzchen......

Mein Freund Steve stimmt uns schon einmal auf das nächste Ereignis ein. Ein Besuch im Reservat der Stoney-Indianer und besonders in deren Schule ist keine Selbstverständlichkeit. Nur weil Steve die Stoneykinder hier mehrere Jahre lang unterrichtete, erhielt unsere Gruppe eine Sondergenehmigung, unter anderem auch am Unterricht teilnehmen zu dürfen. Wir merken sehr schnell, dass jegliches Bild einer in Deutschland vorherrschenden Indianerromantik mit der Realität nichts gemein hat. Die Kinder schwanken zwischen unterschiedlichen Kulturkreisen, ihr Inneres unterliegt einem deutlichen Zwiespalt: Stoney-Sprache und -Kultur auf der einen, Konsumwelt auf der anderen Seite. Die Vermittlung indianischer Kunst soll nun helfen, zukünftige Perspektiven aufzuzeigen. Die Instabilität der Stoney-Schüler hinterließ in uns Westeuropäern ein Gefühl von Traurigkeit und Wehmut. Ein alter Klanchef, Leiter der Gesamtschule, informierte tief betroffen über die Geschichte und die zu erwartende Zukunft seines Volkes. Hoffnung gaben dann jedoch wieder jene Schülerinnen, die uns mit leuchtenden Augen einige Grundbegriffe der Stoney-Sprache vermitteln wollten und sich anschließend über unsere merkwürdige Aussprache amüsierten. Innerhalb des Reservates trifft man auf Horden von halbwilden Straßenhunden, die ein hartes Leben führen. Ständig auf der gezielten Suche nach Nahrung und geschützten Unterkünften zur Reproduktion, zeigen die meisten Dorfhunde starkes Meideverhalten gegenüber Menschen. Der harte Überlebenskampf findet außerhalb menschlicher Hausstände statt und gestattet dem Hundenachwuchs nur restriktive Verbreitungs-Möglichkeiten. Unser kanadischer Begleiter Steve hat zwei Tiere aus Indianerreservaten aufgenommen, die inzwischen alle Privilegien von modernen Haushunden genießen.

Zurück zu den Wildcaniden. Mehrere Sichtungen diverser Kojoten unterstreichen die Tatsache, dass diese Tiere perfekte "Abstauber" sind, da sie geruchlich zielgerichtet weitverstreute Kadaver finden und somit im Naturkreislauf eine wichtige Rolle spielen. Wiederum sind es Raben, die den Kojoten als "erhöhte Augen" dienen und deren Gezeter um verendete Huftiere als hervorragendes Signal genutzt wird. Canis latrans nutzt im Banff-Nationalpark alle ökologischen Nischen, die sein großer Verwandter Wolf wegen seiner großen Scheu vor dem Menschen nicht besetzen kann. Kojoten wissen zudem, dass sich die regionale Hirschpopulation während des langen und harten kanadischen Winters um die Stadt Banff konzentriert. Jahreszeitlich begrenzt rotten sich zuweilen mehrere Tiere innerhalb eines Rudels zusammen und greifen durchaus erfolgreich geschwächte Wapitikühe oder junge, unerfahrene Hirschbullen an.

Bis zum 13. Februar haben wir keinerlei Kontakt zu den Wölfen. Am nächsten Morgen empfangen wir endlich wieder vielversprechende Signale, die hochgradig motivierend wirken. Im 15-Minuten-Takt überprüfen wir den Standort der Wölfe, der sich jedoch nicht um ein Grad verändert. Nun ist Geduld gefordert. Die Wölfe nutzen sicherlich den sonnigen Vormittag, um sich - von uns unbemerkt - auszuruhen. Von einer Anhöhe aus haben wir einen optimalen Blick über die vor uns liegende Seenlandschaft. Wir warten und warten, Stunden vergehen. Dann ist es endlich soweit.

Genau um 17 Uhr tritt die Alphawölfin aus dem nur 500 Meter entfernten Waldrand und trottet ohne jegliche Hast gemütlich über den zugefrorenen See. Es dauert einige Minuten, bis wir auch den Alpharüden an seiner unverkennbaren Maske identifizieren können. Die Alphawölfin schaut sich mehrfach nach dem Rüden um, wedelnd hält sie kommunikativen Kontakt und ergreift die Initiative. Sie läuft zu einem einige hundert Meter entfernten Hirschkadaver. Voller Spannung beobachten wir die Szene. Viel ist von dem verendeten Hirsch nicht übriggeblieben, denn Adler, Elstern und Raben haben bereits ganze Arbeit geleistet. Am Kadaver angekommen, verscheuchen die Wölfe zunächst einmal die ihnen lästigen Nahrungskonkurrenten. Mühelos und ohne Kraftanstrengung zieht die Alphawölfin das komplette Knochengerüst einige Meter durch den Schnee, ehe sie einen großen Brocken aus dem Kadaver reißt. In aller Ruhe ist Beuteschütteln und anschließendes Konsumieren angesagt. Hungrig scheinen unsere Wölfe nicht zu sein, denn ihre körperliche Verfassung ist ausgezeichnet. Der Rüde legt abseits des Kadavers eine kleine Ruhepause ein. Wir beobachten anschließend freundliche Kontaktaufnahme, Nasenkontakt und Schnauzwinkellecken. Rüde und Wölfin zeigen Parallellauf, schwanzwedelnde Spielaufforderungen und Zuneigung. Unverkennbar hat die Paarungszeit begonnen. Über zwei Stunden beobachten wir fasziniert und überglücklich unsere "Flitterwöchner", bis wir mit Einbruch der Dunkelheit nichts mehr erkennen können.

*(Wolf Magazin 1/98)*

# Mit Wölfen in der hohen Arktis

Von Diane Boyd

*Die Wolfsbiologin Diane Boyd reiste im Sommer 1991 in die Hohe Arktis, um ihren Kollegen L. David Mech und Nora Gedgaudas bei der Beobachtung von Wölfen zu helfen. In diesem Polargebiet nördlich des nordamerikanischen Kontinents folgen die Forscher Wölfen, die relativ wenig Angst vor Menschen haben, vermutlich weil die Tiere dort niemals bedroht oder bejagt worden sind. Boyd arbeitet seit zwölf Jahren am Wolf-Ökologie-Projekt der Universität von Montana in Missoula. Die scheuen Wölfe des Glacier National Park, mit denen Diane Boyd sonst arbeitet, stehen in bemerkenswertem Kontrast zu den Wölfen der Arktis, die es Diane nicht nur erlaubten, sich zu nähern, sondern ihr auch ermöglichten, ihre Erfahrungen mit Nahbeobachtungen zu erweitern und ein anderes Land zu entdecken.*

Ich bin 600 Meilen südlich vom Nordpol, lebe in einer Landschaft, die aussieht wie eine Hybride aus Mond, östlichem Montana und Alaska. Wenn man dort einen Baum umarmen will, tut man es mit Daumen und Zeigefinger, weil die Weidenbäume dort einen Durchmesser von der Stärke eines Bleistiftes haben und nicht höher als 10 cm sind. Dies ist alter, arktischer Baumwuchs. Die Arktis ist eine Wüste mit weniger als 120 mm Niederschlag pro Jahr.

Die Eisberge sind wahrhaft erstaunlich in Form, Farbe und Ausmaßen. Jeder einzelne ist eine unglaublich schöne Skulptur, deren Erschaffung lange vor Michelangelos Geburt begann. Das Eis des Meeres brach in dieser Woche rapide auf und befreite die Eisberge aus ihrer winterlichen Verankerung. Vor mir sehe ich zwei Eisberge, der eine ist geformt wie ein Schleppkahn und der andere wie das Ungeheuer von Loch Ness. In den letzten zwei Stunden haben sie sich um ein paar hundert Yards weiter bewegt. Am besten kann man ihre Farben zwischen ein und drei Uhr morgens genießen und fotografieren.

In der Hohen Arktis gibt es in den Sommernächten noch nicht einmal den Anschein einer Dunkelheit. Die Qualität des Lichtes hier ist klar, aber von der pastellenen Qualität nasser Wasserfarben. Zwischen Mitternacht und vier Uhr morgens nimmt das Licht eine goldenere Färbung an und zeigt dabei den Reichtum der arktischen Landschaft. Vom felsigen Unterland her gesehen, scheint dies alles ein Ödland zu sein. Aber man braucht nur über das Meer zu schauen oder die rauen Bergspitzen, eingewoben in Gletscher, oder die baumlose Tundra mit Spuren von Karibus, Moschusochsen und Wölfen.

Die Wölfe – sie sind der Hauptgrund, warum ich hierher gekommen bin. Eigentlich dachte ich noch vor meiner Ankunft, dass sie der einzige Grund für meine Anwesenheit hier seien. Aber mein „einziger" Grund hat sich ausgeweitet auf dieses gesamte Gebiet der Wölfe. Es ist mein „Seelen- Grund" geworden. In diesem so fremden Land scheinen all meine Sinne gleichzeitig an meiner Seele zu ziehen.

Der arktische Mohn richtet seine kleinen gelben Blüten nach der Sonne auf und rotiert auf langen, dünnen Stängeln, um die Sonne einzufangen, die den Himmel in einem Radius von 360 Grad umkreist, niemals untergeht und niemals wirklich hoch steigt. Die Arktis zieht mich an, so wie die Sonne den Mohn anzieht. Und trotzdem fühle ich mich zur gleichen Zeit fehl am Platz, nicht mehr im Einklang mit der Natur, und wundere mich, warum dieses 24-stündige Sonnenlicht meine biologische Uhr so durcheinander bringt, dass ich die ganze Nacht auf bin und tagsüber schlafe. Und selbst dann fällt es mir schwer, zu schlafen, so als ob mein Adrenalinspiegel ständig auf dem Höhepunkt sei. Ich will nicht schlafen, weil ich sonst etwas verpassen könnte.

Meine Wahrnehmungsfähigkeit ist ebenfalls gestört, mit weit entfernten arktischen Kaninchen, die wie Eisbären aussehen, und einer Bergkette, die aussieht, als sei sie eine Halbtagswanderung entfernt, für die ich aber doch nur eine Stunde benötige, um sie zu erklimmen. Mein Geruchsinn sehnt sich nach dem Geruch von Leben, sei es nun eine Pflanze, ein Tier, Bakterie oder auch ein Pilz. Dies ist wirklich ein steriler Ort für eine menschliche Nase. Sogar das Meer erschlägt einen nicht mit seinem vorherrschenden Stranddufl von Seetang und Salzwasser. Es gibt keinen Unterschied im Geruch zwischen dem Fjordstrand, den Felsen und den grünen Hügeln von Tundrapflanzen.

Die Möglichkeiten für Wanderungen sind unbegrenzt in so unterschiedlichem Gelände, wie man es sich nur erträumen kann: felsige Bergketten, versteckte Täler, schneebedeckte Gipfel, sanfte, hügelige arktische Prärie und Küstenstrände. Es ist alles da. Die einzige Konstante ist der Wind. Er ist ebenso ruhelos wie die helle Sonne, wenn man schlafen will.

Meine Zeit ist aufgeteilt in drei Aktivitäten: schlafen, Wölfe beobachten und Erforschung des Landes – aber nicht unbedingt in dieser Reihenfolge. Die Wölfe sind dem menschlichen Eindringling gegenüber tolerant; und es ist ein Eindringen, wie sehr die Tiere sich auch bemühen vorzugeben, dass ich nicht da bin.

Aber sie nehmen meine Gegenwart hin und benehmen sich so, als ob ich nicht da wäre. Sie schlafen, spielen, jagen, füttern ihre Jungen, schlafen, gähnen und legen sich wieder anders hin, schlafen, spielen mit den Jungen, schlafen. Und ich habe den einzigartigen Einblick in das Leben von Wölfen in diesem Rudel. Von ihnen als Teil ihrer Umwelt akzeptiert zu werden, ist so ein Privileg! Es ist so selten, Wölfe in den Rocky Mountains zu sehen, wo ich lebe und arbeite, viel seltener noch, sie täglich und so nah zu beobachten, wie ich es hier kann.

Ich glaube wirklich, dass nichts anbetungswürdigeres atmet als ein sechs Wochen altes Wolfsbaby. Vergeben Sie mir, diese objektive Forscherin und Wissenschaftlerin fällt zurück in ein total unwissenschaftliches Kauderwelsch. Selbst die hartgesottensten Biologen konnten derartige Anfälle der „Süßen“ nicht verhindern, wenn sie beobachteten, wie diese tollpatschigen Fellknäuel verschmitzt herumtollten. Keine Versuchung, einen dieser Jungs zu halten und zu umarmen – mich schüttelt es bei dem Gedanken, wie ein solcher Welpe mein Gesicht mit wütenden, nadelspitzen Zähnchen zerkratzen würde. Ich denke an ihre erstaunlich ernsthaften Schrammen, die sie schon in jungen Jahren bei Kämpfen ums Futter erhielten, und wie wenig sie in diesem Zusammenhang mit Haushunden gemeinsam haben.

Die Wildheit der Jungen wird ihnen viel nützen, wenn sie in diesem Winter mit dem Rudel jagen und versuchen, einen einzelnen Moschusochsen aus der Herde herauszutreiben. Ein Kreis zotteliger, schnaubender, prähistorischer Ungetüme, nur Köpfe und Hörner, während die Wölfe auf sie lospreschen in der Hoffnung, die stehende Formation zu durchbrechen und sie zum Rennen zu bringen, damit sie ein einzelnes, verletzliches Opfer aussortieren können. Äonen alt ist er, dieser Kreis von Räuber und Beute. Es scheint so paradox, dass mickrige Menschen durch die reine Macht ihres Gehirns das ultimative Raubtier auf diesem Planeten geworden sind, und dennoch keinerlei Verständnis vom Verhalten eines Raubtieres haben. Wir haben endlose Kriege gegen die Raubtiere angezettelt und sie zu Millionen getötet. Millionen.

Die ersten Menschen haben vor 500 bis 1000 Jahren die Hohe Arktis betreten. Diese Vorfahren der Inuit, Thulen genannt, lebten an Land und auf dem Meer, jagten Seelöwen, Walrosse, Wale, Moschusochsen und Karibus. Die Lagerplätze der Thulen sind auch heute noch als Gruppen von Steinringen sichtbar, wo ihre Zelte standen. Zerbrechliche, von Flechten bedeckte Tierknochen erzählen uns, was sie aßen und erlauben einen winzigen Einblick in ihr Leben. Während ich durch die Thulen-Ruinen laufe und hinaus in den Fjord zu den Eisbergen schaue, erfüllt mich der Geist dieser Menschen und ihres Landes. Ich versuche mir ihre Kajaks aus Tierhäuten vorzustellen, die auf den Strand gezogen sind, das Lachen der Kinder, die guten und die schlechten Zeiten. Ich gehe hinüber zu einem entfernten Hügel gebleichter Knochen auf einem Berg über dem Fjord und den Steinringen, und ich finde einen Kreis von Moschusochsen-Schädeln, die das Dorf überblicken. Warum wurden sie hierher gelegt? Ich habe meine eigenen Gefühle hierzu. Wie töteten sie die Moschusochsen? Über Tausende von Meilen gab es kein Holz, mit dem man Speere oder Pfeil und Bogen machen kann. An Moschusochsen-Sprünge, wie Büffel-Sprünge, die von den Indianern des Westens benutzt wurden, zu denken, wäre lächerlich. Das Land bietet keine tödlichen Klippen, die von Plateaus abfallen und über die man Tiere treiben könnte.

Waren diese Thulen Opportunisten, die von den Kadavern der Moschusochsen lebten, die von Wölfen getötet worden waren? Wölfe und Thulen – was war ihr Verhältnis zueinander? Während mich diese Gedanken beschäftigen und ich die Ruinen untersuche, werden meine Augen von einer bekannten Knochenform angezogen, die fast gänzlich unter zehn Jahre alter, langsam kompostierender, arktischer Erde begraben ist. Natürlich freigelegt ist hier ein Teil der rechten Seite eines Schädels und ein Backenzahn. Ich fotografiere die Teile, bevor ich mit einer vorsichtigen Untersuchung der Knochen beginne. Langsam grabe ich mit meinen Fingern und einer Moschusochsen-Rippe, bis der Schatz nicht mehr länger im Verborgenen liegt. Er hat die Farbe des Alters, aber er ist intakt, und es ist ohne Zweifel ein Wolfsschädel. Meine Seele vibriert vor Energie. Warum liegt dieser Schädel hier in einem Thulen-Dorf? Welche Rolle spielte der Wolf im Leben dieser eingeborenen Jäger? Und wie funktionierte das Mensch-Wolf-Beute-Verhältnis vor so langer Zeit? Vor wie vielen Generationen jagte dieser Wolf und fütterte seine Jungen, so wie die Wölfe, die ich heute beobachte? Äonen alt, dieser Kreis.

*(Int. Wolf, Sommer 1992, Wolf Magazin 2/96)*

## Berge, Wölfe und Geysire. Wolfsbeobachtung im amerikanischen Yellowstone-Nationalpark

Von Elli H. Radinger

Vorab eine Warnung: Diese Reise macht süchtig!

Wer Wölfe liebt und sie einmal in freier Wildbahn gesehen hat, wird immer wieder kommen wollen. So erging es auch uns, die wir an diesem dämmrigen Februarmorgen, alle Kälte vergessend, fasziniert die fünf Wölfe beobachteten, die sich mühsam den Weg durch den tiefen Schnee bahnten. Wir waren in den Yellowstone-Nationalpark gekommen, um hier im ältesten Nationalpark Amerikas die Wölfe zu beobachten.

„Yellowstone" - Gelber Stein. Schon der Name verfehlt nicht seinen Zauber. Yellowstone - Land aus Feuer und Eis. Ein Märchenland von 250 aktiven Geysiren, heißen Quellen, zahlreichen Wasserfällen, schneebedeckten Bergen, Schlammvulkanen und mit einem unvergleichlichen Wildbestand (dem größten in den USA). Yellowstone im Winter, das ist die Zeit, in der der Park den Tieren und den wenigen Besuchern gehört, die seine wahre Schönheit trotz Temperaturen von bis zu minus 40° Celsius zu schätzen wissen.

Unsere kleine Gruppe von Wolfsbeobachtern hatte wohl in diesem Winter nicht nur die Hand des Wettergottes über sich, sondern auch die des Wolfsgottes. Neben angenehmen Temperaturen von nur wenig unter dem Gefrierpunkt und gelegentlichen sonnigen Tagen hatten wir auch das Glück, so viele Wölfe zu sehen wie selten.

Im Yellowstone-Nationalpark mit seiner riesigen Fläche von 898.350 Hektar beobachtet man Wölfe am besten im Lamar-Valley, dem Tal, das sich im nordöstlichen Teil des Parks von Tower Roosevelt bis zum Nordost-Eingang erstreckt, und das wegen seiner Tiervielfalt auch „ Serengeti Amerikas" genannt wird. Hier, entlang der 47 km langen einzigen Straße, die durch das Tal führt, wollten wir uns in den nächsten Tagen aufhalten. Es ist ein idealer Ort für die großen Beutegreifer. Ein weites, offenes Tal, in dem sich die meisten der 15.000 im Park überwinternden Hirsche aufhalten, umsäumt von Bergen mit Wald und ausreichend Deckung.

Wölfe sind sehr scheue Tiere und so sehr wir auch hofften, in den nächsten Tagen ein paar zu sehen, bemühten wir uns doch, nicht allzu viel zu erwarten. Um so aufgeregter waren wir, als wir schon beim Hineinfahren in den Park fünf große Wölfe bei einer Herde Wapitis stehen sahen. Doch als wir näher kamen, entpuppten sich die „Wölfe“ als Kojoten, die hier im Park wegen des Überangebots an Nahrung eine erstaunliche Größe erreichen und daher von Touristen auch oft mit Wölfen verwechselt werden.

Seit der Wiedereingliederung der Wölfe in den Yellowstone-Nationalpark hat sich das Leben der Kojoten nicht gerade vereinfacht. Nachdem fast 50 % ihrer Population in den ersten beiden Jahren von den Wölfen getötet wurden, waren sie inzwischen sehr viel wachsamer und vorsichtiger geworden. Immer wieder schauten sie sich um, besonders wenn sie sich an Tierkadavern aufhielten.

Kojoten gelten nicht umsonst als die Überlebenskünstler unter den Caniden, und so haben sie sich in kürzester Zeit auch in Yellowstone an die Gegenwart der Wölfe angepasst. Im Park sind zur Zeit 14 Kojoten von Biologen mit Radiohalsbändern ausgestattet worden, ein Kojote pro Rudel, so dass man von etwa 14 Kojotenrudeln ausgehen kann. Wir konnten bis zu 12 Kojoten in einem Rudel zählen.

Die Kojoten waren es auch, die am leichtesten zu beobachten waren. Sie fühlten sich während unserer Anwesenheit kaum gestört. Vermutlich lag es auch daran, dass jetzt Paarungszeit war. Und so konnten wir auch hier oft Kojotenpaare beim Liebeswerben beobachten. Dabei fühlten wir uns manchmal schon wie Voyeure eines intimen Ereignisses und ließen nach ein paar anfänglichen Fotos das Paar in seiner Zweisamkeit zurück. Denn wie bei jeder Wildbeobachtung galt auch für uns der Grundsatz, die Tiere in ihrem natürlichen Verhalten möglichst nicht zu stören.

So konnte sich die Fotoausbeute des ersten Tages sehen lassen: Jede Menge Tiere, Kojoten in allen Lebens- und Liebeslagen, Wapitis, Weißkopfseeadler, Gabelhornantilopen und unzählige Bisons - aber noch keine Wölfe.

Inzwischen wussten wir ungefähr, wo sich die Wölfe zuletzt aufgehalten hatten. Wir hatten einige andere Wolfsbeobachter entlang der Straße getroffen und mit Biologen gesprochen, die mit einer Telemetrieantenne auf den Spuren der Caniden waren.

Und so brachen wir am nächsten Tag schon früh morgens noch in der Dunkelheit auf. Unser Allradwagen zog eine frische Spur durch den tiefen Schnee, der über Nacht gefallen war, und es dauerte nicht lange, bis wir das erste Kojotenrudel sahen, das gerade einen jungen Hirsch gerissen hatte. Wir beobachteten sie eine Weile und fuhren dann weiter. Kurze Zeit später trafen wir auf eine andere Gruppe Frühaufsteher, die auf der Suche nach Wölfen waren.

Wolfsbeobachter sind eine neue Sorte der „Touristenspezies", mit denen die Parkverwaltung zu tun hat, nachdem 1995 die ersten 14 Wölfe aus Kanada in den Park geflogen worden waren. Erst waren es nur wenige, und während sich die Nachricht verbreitete, kamen Hunderte. Der Park hatte keinen Plan und keine finanziellen Mittel für die Hobbybiologen. Aber die Wolfstouristen konnten sich sehr gut um sich selbst kümmern, und unter ihnen entstand eine Art „ethisches Bewusstsein". Wenn jemand zu laut war, die Autotür zuschlug oder versuchte, sich den Wölfen zu nähern, wurde er von einem oder mehreren aus der Gruppe zurückgehalten und aufgeklärt. Außerdem waren sie den Biologen des Parks eine große Hilfe, da vier oder zehn Augen oft mehr sahen als zwei und sie wertvolle Auskünfte über den Verbleib der Wölfe geben konnten.

Auch wir trafen immer wieder diese „Wolf-Groupies". Viele von ihnen verbringen ihre gesamten Ferien damit, die Tiere zu beobachten. Wann immer wir eine kleine Gruppe von Menschen am Straßenrand stehen sahen, die bestens ausgerüstet mit großen Fernrohren angestrengt in eine Richtung schauten, hielten wir an. Schnell wurden wir aufgeklärt, wo die Wölfe gesichtet worden waren. Und während wir alle gemeinsam warteten, dass sie wieder auftauchten, tauschten wir Geschichten aus.

Bei einer solchen Versammlung sahen wir dann endlich auch unsere ersten Wölfe im Yellowstone-Nationalpark. Nur mit dem Fernglas waren sie am gegenüberliegenden Berghang auszumachen. Fünf Wölfe, die durch den dichten Wald liefen und nur gelegentlich zwischen den Bäumen zu sehen waren. Aber auch aus der Ferne konnten wir sehen, wie groß und kräftig die Tiere waren. Es handelte sich um das *Druid-Rudel*, das hier im Lamar-Valley sein Territorium hatte. Die Aufregung in der kleinen Beobachtergruppe am Straßenrand war groß und das Gedränge um das Fernrohr dicht. Und jeder, der hindurch blickte, bekam plötzlich glänzende Augen. Das war es, wofür wir hierher gekommen waren: Die Wölfe von Yellowstone!

Der Yellowstone-Nationalpark gilt als das einzige völlig intakte Ökosystem Nordamerikas, und das Lamar-Valley ist seit 4000 Jahren in seiner Artenvielfalt unberührt. Alle Tiere der Nahrungskette waren hier vorhanden - bis auf die Wölfe. Erst seit der äußerst umstrittenen und von Ranchern heftig umkämpften Wiedereingliederung von insgesamt 31 Wölfen im Winter 1995/96 ist die Nahrungskette wieder vollständig. Mit Ausnahme von zwei Todesfällen in den letzten Jahren geht es der Wolfspopulation inzwischen hervorragend. Während unserer Anwesenheit (im Februar 2000) befanden sich 116 Wölfe im Park. Für Biologen ist dies eine noch nie dagewesene Gelegenheit zu beobachten, wie eine Tierart lernt, in neuem Lebensraum zu überleben, und welche Auswirkungen dies auf die anderen Tierarten hat. Im Laufe der letzten Jahre gab es viele Überraschungen, als die Wölfe umherwanderten, neue Rudel formten, Territorien bildeten und viele überzählige Hirsche töteten.

Das bekannteste Rudel im Park, das *Rose-Creek-Rudel,* konnten wir kurze Zeit später in etwa fünf Kilometer Entfernung auf einer gut einsehbaren freien Bergkuppe beobachten. 14 (!) prächtige, meist schwarze Wölfe lagen zusammen, ruhten sich aus oder spielten gelegentlich, bis sie nach fast zwei Stunden in Reih und Glied weiterzogen und unserem Blick entschwanden.

Unser Adrenalinspiegel hatte sich inzwischen zu ungeahnten Höhen aufgeschwungen, zumal uns andere Wolfsbeobachter immer wieder versicherten, dass sie in den letzten Jahren niemals so viele Wölfe auf einmal gesehen hätten.

Aber es sollte noch besser kommen. Wenige Kilometer weiter stießen wir auf zwei Wölfe, die gerade eine Wapiti-Hirschkuh gerissen hatten. Die große Hirschherde stand noch eng zusammengedrängt und beobachtete die Wölfe, ebenso wie eine kleine Gruppe von vier Hirschkühen, die die Wölfe vermutlich von der Herde abgetrennt und aus deren Mitte sie sich ihre Nahrung geholt hatten.

Beide Wölfe waren gerade dabei, den Hirsch aufzureißen und so in ihre Arbeit vertieft, dass wir leise auf der Straße anhalten und aussteigen konnten - weniger als einen Kilometer entfernt. Wir beobachteten die Tiere eine Weile, und keiner von uns wird wohl die glücklichen, blutverschmierten Gesichter der Wölfe vergessen, als sie ab und zu von ihrem Fressen aufsahen.

Eines der Tiere trug ein Radiohalsband. Im Yellowstone-Nationalpark sind zur Zeit 26 Wölfe in sieben Rudeln mit Radiohalsbändern ausgestattet. Die Wölfe werden mit Netzen gefangen, die aus einem Helikopter auf sie abgeschossen werden. Dies ist eine sehr sichere, effiziente Art, Wölfe einzufangen. Nachdem sie sich im Netz verfangen haben, werden die Tiere betäubt, untersucht, und ihnen wird Blut abgenommen. Dann erhalten sie ein Radiohalsband mit einem Sender. Die ganze Prozedur dauert maximal eine Stunde und führt zu keinerlei Verletzungen bei dem Tier.

Nachdem unsere Wölfe sich die Bäuche vollgeschlagen hatten, verließen sie ihren Kadaver um ihn - zumindest für eine kurze Zeit - den Kojoten, Adlern und Raben zu überlassen.

Auch wir nutzten die Ruhepause zu einem Mittagessen und einer Besichtigung der heißen Quellen und Sinta-Terrassen in Mammoth Hot Springs im Norden des Yellowstone-Parks. Aber trotz all der landschaftlichen Sehenswürdigkeiten hielt es uns hier nicht lange. Wir wollten wieder zurück zu den Wölfen.

Da wir hofften, dass sie gegen Abend zurückkehren würden, trafen wir dann am späten Nachmittag erneut an unserem Aussichtspunkt in der Nähe des Kadavers ein. Und wieder verwöhnte uns das Glück. Die Wölfe waren da und machten sich über das her, was ihnen die Kojoten und Adler noch übrig gelassen hatten. Anscheinend hatte es sich auch bei den Adlern herumgesprochen, dass hier Futter lag, denn inzwischen hatten sich mindestens sechs Weißkopfseeadler auf den Bäumen um den Kadaver herum niedergelassen und warteten geduldig.

Bis zum Einbruch der Dunkelheit beobachteten wir die Wölfe. Fasziniert von diesem einmaligen Schauspiel blickte unsere kleine Gruppe am Straßenrand durch Telelinsen und Ferngläser - voll auf die Wölfe konzentriert. In diesem Augenblick hätten wir fast den Kojoten verpasst, der nur etwa zwei Meter von uns entfernt gemächlichen Schrittes an uns vorüberzog. Erst als einer der Mitbeobachter kurz und scharf den Atem einzog, entdeckten wir den „Trickster", wie der Kojote von den Indianern genannt wird, und erstarrten zu Salzsäulen. Niemand wagte zu atmen, geschweige denn sich zu bewegen. Der Kojote hielt kurz inne, zögerte, entschied sich aber dann doch, dass wir keine Bedrohung waren und setzte unbeirrt seinen Weg fort. Erst als er außer Sicht- und Hörweite war, brach das Eis, und keiner konnte sich ob so viel Dreistigkeit beruhigen. Sicher hatten wir (Menschen und Kojote) in den vergangenen Minuten eine filmreife Darstellung geboten.

Bei einem ordentlichen Steak-Dinner unterhielten wir uns an diesem Abend noch lange über den aufregenden Tag.

Auch an den nächsten Tagen waren wir dann wieder von der Morgendämmerung bis zum Einbruch der Dunkelheit auf den Beinen. Wir beobachteten noch einmal die Wölfe, diesmal auf der erneuten - aber leider vergeblichen - Jagd auf einen Hirschen. Von dem Wapiti, den die Tiere am Tag zuvor gerissen hatten, war bis auf ein paar abgenagte Knochen nichts mehr übrig. Die Adler und Raben hatten sich den Rest geholt.

Jeden Morgen pünktlich um 7.00 Uhr kreuzte eine kleine Herde Wapitihirsche - die „Junggesellen", wie wir sie nannten - unseren Weg. Wenn wir anhielten, um sie zu fotografieren, trabten sie in schnellem Schritt mit ihren riesigen Geweihen auf dem stolz erhobenen Haupt davon. Auch sie waren durch die Anwesenheit der Wölfe scheuer geworden, hatten sie doch in den Jahren vor 1995 nur die Kojoten zu fürchten. Für die ersten Wölfe, die aus Kanada hierher gebracht worden waren, muss es das reinste Schlaraffenland gewesen sein. Keine Verfolgung mehr durch Jäger, und die Wapitis, die bis dahin noch nie einen Wolf gesehen hatten, blieben stehen und boten damit einen adäquaten Ersatz für die „gebratenen Tauben", die einem dort bekanntlich in den Mund fliegen sollen. Ganz so einfach ist es für die Wölfe inzwischen nicht mehr. Und an die zahlreichen Bisons, die gemächlichen Schrittes durch den hohen Schnee stapfen und mit ihren mächtigen Zottelköpfen den Schnee zur Seite schaufeln, um an ein wenig Gras zu kommen, haben sie sich bisher nicht gewagt.

Aber auch sonst haben sie das Ökosystem verändert. Weißkopfseeadler, die im Winter früher nach Süden flogen, bleiben nun im Park, weil durch die Wölfe genügend Nahrung für sie übrig bleibt. Und auch die Raben sind dreister geworden.

Von den 250 Grizzly-Bären des Parks hörte und sah man nichts. Sie lagen gemeinsam mit ihren kleineren und zahlreicheren Schwarzbärvettern in tiefem Winterschlaf.

Der Abschied von den Wölfen, den Kojoten, den Bisons und den anderen Tieren fiel uns sehr schwer, und am Ende war uns klar, dass wir bald wieder zurückkehren würden, in den Yellowstone-Nationalpark und ins Lamar-Valley, die Serengeti Amerikas.

*(Wolf Magazin 2/99)*

## „Mutter, da ist ein Wolf in unserem Camp!“

Von Patty Pingree

Ich möchte die wahre Geschichte erzählen, wie ein einziger wilder Wolf unsere Herzen und Gedanken für immer verzauberte. Das Abenteuer geschah im August 1991 auf dem Petawawa-Fluss, im Algonquin-Park, Ontario, auf einem Familienausflug mit dem Kanu. Mein Schwager Jeff Cherry, der schon viele Sommer als Guide und Kanu-Camper auf diesem Fluss verbracht hatte, leitete unseren Ausflug. Meine Familie besteht aus mir, meinem Ehemann Dick und unseren drei Söhnen Graham (12), Eben (9) und Tim (7).

An diesem heißen Augusttag sammelten sich die Erwachsenen gerade, um das Camp herzurichten. Jeff und Tim waren dem Wasser am nächsten und sammelten gerade Feuerholz, als Tim ein Tier auf der anderen Flussseite entdeckte. „Dort ist ein Wolf!“ rief er Jeff zu. Wir anderen bauten etwas weiter entfernt Zelte auf, aber wir konnten immer noch das Tier sehen. Dick, nach einem kurzen Blick, versuchte, seinen jüngsten Sohn zu korrigieren: „Das ist kein Wolf, Tim, das muss ein Hund sein.“ Da das Tier ein Halsband trug, schien dies eine logische Erklärung zu sein.

Jeff selber jedoch stimmte Tim zu, dass die Kreatur vermutlich ein Wolf war, aber dass wir dies nie genau wissen würden.

Dick erwog die Möglichkeit, dass wir tatsächlich einen Wolf gesehen hatten, nachdem Jeff erklärt hatte, dass es in unserem Gebiet Wölfe gab, die zur Beobachtung und zum Studium mit Radiohalsbändern ausgestattet waren. Während immer noch leichte Zweifel über die Identität des Tieres bestanden, war dennoch die Vorstellung, mit unseren eigenen Augen einen Wolf gesehen zu haben, sehr aufregend für jeden von uns.

Etwa zwanzig Minuten später betrat das Tier von der anderen Seite des Flusses unser Camp und blieb in der Nähe eines unserer Zelte stehen. Es war ein Wolf! Wir alle standen sprachlos still und beobachteten ihn. Ich hielt gerade meine Kamera und knipste schnell nervös ein paar Fotos. Der Wolf schien über den Fluss zu schauen und war mit Sicherheit nicht über unsere Gegenwart beunruhigt. Nach ein paar Minuten drehte sich der Wolf um und verließ langsam das Camp, hielt erneut an, um über den Fluss zu schauen, schlenderte am Flussufer entlang und verschwand dann.

Wir nahmen unsere Tätigkeiten wieder auf. Es lag eine unausgesprochene Dankbarkeit in der Luft, dass unsere Wolfssichtung bestätigt worden war, aber es schlich sich auch eine leichte Angst in unser Verhalten. In Wirklichkeit war es sogar ziemlich unheimlich. Dick und ich schauten zur Bestätigung zu Jeff. Er erinnerte uns daran, dass Wölfe keine Menschen angreifen, aber er widersprach auch nicht, als wir unsere Kinder aufforderten, sich von nun an in Sichtweite von uns aufzuhalten. Graham verweigerten wir sogar einen Ausflug in den Wald, um „ dem Ruf der Natur“ zu folgen. Wir erklärten dies so, dass, obwohl wir niemals zuvor einen Wolf gesehen hatten, dieser sich ein wenig zu seltsam zu verhalten schien.

Fünf Minuten später rief der 12 Jahre alte Graham, der etwa sieben Meter hinter einem großen Zelt war, mit kontrollierter, aber beunruhigter Stimme: „Mom, der Wolf ist direkt neben mir!“

Im gleichen Moment sagte Eben, der an unserer Feuerstelle in der Nähe des Wassers war: „Dad, da auf der anderen Seite des Flusses steht ein Reh.“ Der Wolf war eindeutig dabei, ebenfalls das Reh zu beobachten. Er hielt nur kurz an (neben Graham) bevor er durch das Camp schoss, von Fels zu Fels und dann direkt in den Fluss sprang. Wir bemerkten die einzigartige Art des Wolfes zu laufen, die uns bestätigte, dass es sich nicht um einen Hund handelte. Der Wolf durchquerte den flachen Teil des Flusses und verschwand im Wald, aber nur für etwa eine Sekunde. In der Zwischenzeit hatten wir uns am Ufer versammelt, ca. 30 Meter von dem Drama entfernt, das wir beobachten würden.

Plötzlich kehrte dort, wo der Wolf den Wald betreten hatte, das Reh zurück mit dem Wolf, der sich an seinem Schwanz festhielt. Es sprang sofort in den Fluss. Der Kopf des Wolfes tauchte ins Wasser, so dass er gezwungen war, loszulassen. Das Reh schwamm weiter flussaufwärts, und der Wolf paddelte hinterher. Nach etwa 10 Metern schien der Wolf aufzugeben und schwamm auf die entfernte Seite des Flusses, erklomm einen Felsen und beobachtete, wie das Tier flussaufwärts auf die andere Seite des Flusses zuschwamm, nur einige wenige Meter von uns entfernt.

Das Tier stand still im Wasser und schaute für einige Sekunden nach dem Wolf zurück. Wir dachten alle, dass es um sein Leben rennen sollte. Die Jungs glaubten in diesem Augenblick sogar, dass das Reh noch entkommen könnte. Aber Jeff sagte: „Passt auf!“

Dann sprang der Wolf in den Fluss und schwamm herüber. Das Reh begann nicht eher fortzulaufen, als der Wolf fast aus dem Wasser kam. In einem flachen, felsigen Teich neben dem Fluss machte der Wolf einen kurzen Sprint. In Sekundenschnelle sprang er auf den Nacken des Tieres und riss es hinter einem Felsen nieder. Obwohl der Wolf weiterhin den Nacken des Tieres schüttelte, schien es sehr schnell zu sterben, denn es gab fast keine Anzeichen eines Kampfes.

In dem Augenblick, als der Wolf das Reh tötete, waren beide nur wenige Meter von uns entfernt. Ich hatte meine Kamera Dick gegeben, der den Tieren näher gefolgt und schließlich für bessere Sicht auf einen Baum geklettert war. Jeff und ich blieben bei den Jungs und kümmerten uns um ihre reichlich verwirrten Gefühle. Dick kam nach ungefähr 20 Minuten vom Baum herunter. Wir beobachteten weiter die Szene und schätzten, dass der Wolf etwa 45 Minuten bei dem Reh blieb und sich seinen Weg durch das Tier fraß. Der Wolf hob ab und zu seinen Kopf und schaute nach uns, während er jedoch weiter fraß.

Später erwähnte Jeff, dass er gehofft habe, dass wir während dieses Ausflugs das Heulen der Wölfe hören würden, aber er gestand, dass er daran gezweifelt habe. Und er hatte recht, auf diesem Trip haben wir kein Heulen gehört, aber ich glaube, wir waren uns alle einig darüber, dass unsere Begegnung mit diesem einsamen Wolf ein einmaliges Erlebnis war, das wir niemals vergessen würden.

Patty Pingree und ihre Familie leben in Boston, Mass. Das Erlebnis mit dem Wolf wurde ein „Erlebnis, das die Familie eng zusammenband", sagten sie, und für immer ihre Achtung für den täglichen Überlebenskampf von Wölfen und allen Wilden Tieren bekräftigte.

*Anmerkung des Herausgebers*: Dr. David Mech bestätigt, dass Wolf-Reh-Interaktionen wie diese üblich sind. Der einzig ungewöhnliche Aspekt war, dass das Geschehen von Menschen beobachtet wurde. Es ist nicht ungewöhnlich für einen einzelnen Wolf, ein Reh zu töten (oder sogar einen Elch und andere Beute). Wenn Wölfe eine Beute angreifen, sind sie sogar manchmal so auf diese Aufgabe konzentriert, dass sie mögliche Gefahren, wie Hufe oder Hörner ihrer Beute, steile Klippen oder sogar Menschen, ignorieren.

*(International Wolf, Winter 1995) Wolf Magazin 2/96*

## Begegnung mit dem Arktischen Wolf

Von Robert Stanley Florezyk

Es war im Juni 1969, und mein 21. Geburtstag näherte sich. Ich war in Nordvietnam, ein Seargent bei den Green Berets der U.S. Armee. Zu diesem Zeitpunkt war ich 18 Monate ohne Unterbrechung im Kampf. Ich fühlte mich, als ob ich die wahre Definition des Wortes „Hölle“ gesehen und erlebt hätte. Eines Nachts wurde mein Brustkorb von einer Granatenattacke aufgerissen. Mir wurde erzählt, dass ich neun Stunden lang operiert worden war und auch die Sterbesakramente erhalten hatte. Zwei Monate später wurde ich aus dem Krankenhaus entlassen und erhielt auf mein Drängen hin einen verlängerten Urlaub, da ich nach Vietnam zurückkehren wollte, was ich auch schließlich für zwei weitere Jahre tat.

Ich wollte so weit wie möglich von Menschen entfernt sein, wie es nur ein Mensch sein konnte. Ich wollte die totale Isolation. Ich hatte nur das Allernotwendigste zum Überleben mitgenommen. Als Green Beret hatte ich genug Überlebenstraining erhalten. Darüber hinaus machte ich mir nicht die geringsten Gedanken. Ein Marinekapitän hatte mir erzählt, dass er im Norden Kanadas fischen gewesen war, und dass es dort noch ziemlich isoliert sei. Also dachte ich, dass ich dorthin wollte. Ich flog nach Fairbanks und machte mich auf den Weg nach Osten. Ende August kam ich am Great Bear Lake an.

Seit vielen Tagen war ich schon gereist und hatte noch niemanden gesehen. Darum beschloss ich, dass dies der richtige Ort für mich sei. Ich richtete ein einfaches Campinglager her und machte es mir gemütlich. Während der ersten Wochen sah ich kaum etwas. Meist Tiere, einige wenige große Vögel und viele Spuren. Ich dachte, dass dies der Ort sein müsste, den Gott und die Zeit vergessen hatten. Ich hörte Wölfe heulen, sah aber keine. Ich hatte keine Angst. Ich war an der Grenze der größten Unmenschlichkeiten der Menschen gewesen. Zu diesem Zeitpunkt wünschte ich mir fast den Tod. Ich konnte nicht mehr mit dem Horror leben, den anzusehen ich verflucht war. Eines Nachts, es war eine kristallklare Nacht, schaute ich zum Himmel in einem verzweifelten Schrei nach einem höheren Wesen, sei es nun Gott, Allah, Rama, Buddha oder wer auch immer. Ich flehte nach einer Antwort auf Fragen, von denen ich sicher war, dass es keine Antworten auf sie gab. Spät in dieser Nacht hörte ich den langen Ruf eines einsamen Wolfes. Es klang wie eine Seele, die nach mir rief. Das einzige Mal, dass ich noch einen solch einsamen Ruf gehört hatte, war von meiner eigenen Seele. Ich dachte: Wer immer du bist, wir haben so viel, über das wir weinen können. Erschöpft schlief ich ein.

Am nächsten Tag sah ich den weißen Wolf, der mich aus der Entfernung beobachtete. Zu diesem Zeitpunkt konnte ich noch nicht sagen, ob es ein Rüde oder ein Weibchen war. Aber ich fühlte mich nicht bedroht. Ich fühlte mich sogar im ersten Augenblick so, als ob es Gott sein könnte. Ja, ich weiß, wie das klingt, aber ich kann versichern, dass ich geistig völlig gesund bin. Wir schauten uns zunächst nur an. Während der nächsten Tage erschien der Wolf immer am gleichen Ort. Ich dachte, dass ich mich ihm nähern könnte, aber das war nicht einfach. Er war ziemlich schlau. Ich ließ einiges Essen für ihn da, aber es blieb unberührt. Als die Zeit verging, kam er von alleine näher. Mit der Zeit kam er nahe genug, dass ich feststellen konnte, dass es ein Weibchen war. Das merkwürdige jedoch war, dass ich sie niemals mit anderen Wölfen sah, immer alleine. Und so begann ich, zu ihr zu sprechen. Es war mir schon klar, dass sie mich nicht verstehen würde, aber ich sprach dennoch mit ihr. Eines Nachts, der Morgen nahte schon, näherte sie sich und setzte sich dicht zu mir hin; sie war nur wenige Meter entfernt. Ich fuhr mit meinem Gespräch fort, und wir wunderten uns. Es war einige Tage später, als sie vor mir stand, ihren Schwanz zwischen die Beine geklemmt und den Kopf gesenkt. Ich streckte die Hand aus und berührte meine weiße Göttin. Danach waren wir Freunde! Überall, wo ich hin ging, ging sie mit mir. Sie und ich suchten Nahrung zusammen, und wir aßen zusammen. Ich begann, sie mehr als alles zu lieben. Sie war mein Schutzengel. Ich brauchte sie so sehr, wie sie sicherlich mich brauchte. Sie brachte mein Leben auf einen Stand zurück, mit dem ich umgehen konnte.

Ich hatte keine Kamera dabei, aber ihr Bild ist für immer sowohl in mein Gedächtnis, als auch in mein Herz eingebrannt. Ich kann schwer ausdrücken, was ich empfinde, wenn ich meine Beziehung zu ihr schildern soll. Ich weiß, dass sie mein Leben und meine geistige Gesundheit gerettet hat. Mir wurde immer erzählt, dass Wölfe Killer sind – aber wie falsch ist diese Behauptung. *Menschen* sind die wahren Killer. Ich weiß es, denn ich sah sie in den nur möglichen schrecklichsten Augenblicken.

Als jemandem, der sein Leben und seine Arbeit den Wölfen gewidmet hat, brauche ich Ihnen und Ihren Lesern keine langen Erklärungen zu geben. Sie wissen es besser als ich! Ich nehme an, dass Sie ebenfalls ihre Schreie in Ihrer eigenen Seele gefühlt haben, so wie ich.

Wie habe ich geweint, als meine Prinzessin starb. Ich konnte nicht verstehen, warum. Ich liebte sie doch so sehr. Ich verbrannte ihre Überreste und vergrub sie an einem Ort, den nur Gott und ich kennen. Ich bete für sie jede Nacht, auch heute noch. So sicher, wie es einen Gott gibt, ist sie im Himmel mit ihm.

Ich möchte nicht, dass Sie glauben, ich sei ein merkwürdiger Kauz. Ich bin 44 Jahre alt und war in der ganzen Welt unterwegs. Ich habe die größten Unmenschlichkeiten gegenüber Menschen gesehen, ebenso wie all den Horror, der in unserer „zivilisierten" Welt geschieht. Ich musste vier Jahre Frontkampf in Vietnam verkraften und habe mich bis über beide Ohren in Blut und menschlichen Körperteilen befunden, alles im Namen der Freiheit. Ich habe Tausende von hungernden Menschen in Somalia und im Sudan gesehen. Ich sah das krankhafte Abschlachten der großen Tiere von Afrika, alles im Namen der Gier. Fragen Sie mich nun, warum ich mich so sehr um den Wolf kümmere? Weil es ein Wolf, eine weiße Arktische Wölfin war, die das Mitgefühl und die Liebe hatte, mir eine neue Hoffnung zu geben, ein neues Leben, als ich es am meisten brauchte. Zu diesem Zeitpunkt war alles, was die Menschen für mich taten, zu sagen: „Ruh dich aus!" und „Das ist Krieg. Besser du gewöhnst dich daran. Das ist nun mal so in dieser Welt."

Ich mag kein berühmter Wolfsbiologe sein, aber ich teile eine Liebe, die mein Leben verändert hat, für alle Zeit.

*(Wolf Magazin Sommer 1993)*

# Spaniens Krieg gegen die Wölfe

## In einer Kultur der Gleichgültigkeit kämpft ein junger Biologe, um eine Tierart in der Krise zu retten.

Von Charles Bergman

„Hast du kürzlich irgendwelche Wölfe in der Nähe dieses Dorfes gesehen?" fragt Luis Mariano Barrientos in schnellem Spanisch Benito, während er sich aus dem Fenster seines schlammbespritzten Land Rover beugt.

Der Schäfer reagiert auf die Frage, als sei sie ein unwiderstehlicher Köder. Sein Gesicht bricht in ein fast zahnloses, leicht konspiratives Grinsen aus. Seine dunkle, wettergebräunte Haut, die jahrelang der grausamen spanischen Sonne ausgesetzt war, scheint sich in Hunderte von Fältchen zu verwandeln.

„Wölfe?" fragt er zurück. „Willst du sie jagen?"

Es ist früher Mai in Kastilion-León, der landwirtschaftlichen Ebene in Nordzentral-Spanien, und der Biologe Barrientos hält nach Wölfen Ausschau. Mai ist die Welpensaison und der Beginn einer neuen Forschungssaison. Als Barrientos sein Interview beendet, bemerkt er, dass die Nachrichten nicht gut sind. Mit seinem jugendlichen Gesicht und seinen zuvorkommenden Manieren spielt der 34-jährige Wolfsexperte mit, indem er sich wie ein Jäger verhält. „Jagt man hier Wölfe?"

Die Idee, Wölfe zu töten, erregt den Schäfer. Er kann sich kaum noch zurückhalten. Direkt neben dem Land Rover, mit Schafen, die seine Beine umstreichen, beginnt sich ein imaginäres Drama zu entwickeln. Plötzlich sieht er einen imaginären Wolf, der um die Grenzen seiner Herde herum schleicht. Er lässt sich auf die Knie herunter und kriecht auf das unsichtbare Raubtier zu. Dann zieht er sein imaginäres Gewehr und zielt. „Wenn ich einen Wolf sehe", erklärt er, „werde ich ihn immer töten."

Peng! Er feuert und seine Vorstellung endet. Er lächelt.

„Ja, ja", fährt er fort, „im letzten Herbst haben sie hier Wölfe getötet, zwei oder drei. Du musst Wölfe töten. Wölfe bringen Schafe um."

Luis Barrientos macht sich einige Notizen und fährt dann davon. Seine normalerweise verspielten braunen Augen werden düster. „Das ist der Wolf in Spanien", sagt er und verweist damit auf die legale Jagd und auf die zerstörerische illegale Tötung einer Tierart, die am Aussterben ist. „Die Menschen hassen sie. Es ist ein böses Thema, und der Wolf hat eine schlechte Zukunft. Der Krieg gegen den Wolf geht weiter."

Dieses Interview fasst das Dilemma zusammen, in dem der spanische Wolf steckt. Man muss nicht viel Zeit bei der Feldforschung verbringen oder mit den Schäfern, Bauern und anderen Ortsbewohnern reden, um festzustellen, dass immer noch eine jahrhundertealte Feindseligkeit gegenüber dem Wolf besteht. Der Wolf ist wohl das am meisten gehasste und verfolgte Tier in der Geschichte, verabscheut hauptsächlich aus der Angst heraus, dass er Nutztiere tötet.

Vor zehn Jahren hatte Barrientos eine Fernsehdokumentation über Wölfe in Spanien gesehen. Sie war von Spaniens erstem und größtem Wolfsbiologen Rodriquez Fuentes gedreht worden, der seine Hauptarbeit um 1970 herum machte. Die Sendung veränderte Barrientos' Leben und inspirierte ihn, selbst in den Feldern um Valladolid, einer Stadt in Kastilien-León, etwa eineinhalb Autostunden von Madrid entfernt, nach Wölfen zu suchen.

Heute interviewt Barrientos Schäfer, um seine Suche einzugrenzen, und sucht dann nach Spuren und anderen körperlichen Hinweisen auf die Anwesenheit von Wölfen. Er hält auch geduldig und unerschöpflich stunden- und tagelang Ausschau nach ihnen. Dieses Vorgehen hat ihm einen Reichtum an Informationen über Wölfe in dieser Gegend verschafft. Er kennt die Rudel und ihre Geschichte genau. Mehr als 250 Mal hatte er Sichtkontakt zu Wölfen. Aber in dieser Saison ist er besorgt. Er kann keine Wölfe finden. Er nimmt an, dass Jäger einen großen Teil der Wolfspopulation in seinem Studiengebiet getötet haben.

Das Schicksal der Wölfe im nördlichen Spanien ist ein Mikrokosmos der Geschichte der Wölfe in Europa. Nach offiziellen Schätzungen gibt es in Spanien etwa 1500 Wölfe, die vermutlich nach der Welpensaison auf 2000 Tiere anwachsen. Im Laufe dieses Jahrhunderts ist das Lebensgebiet der Wölfe in Spanien langsam zurückgegangen. Einst streifte der Wolf über die ganze iberische Halbinsel. Jetzt ist sein Lebensraum auf die nördlichen Teile des Landes reduziert, besonders auf die Gebirgsregionen und die einsame Nordküste. Dennoch leben 70 % aller westeuropäischen Wölfe in Spanien. Männer wie Barrientos haben ein Gefühl der Verantwortung, diese letzte große Population in Westeuropa zu schützen, die historische Flutwelle gegen den Wolf aufzuhalten.

Es wird nicht leicht sein, den Wolf zu retten. Einer jüngeren Umfrage zufolge sind mehr als 50 % der ländlichen Bevölkerung in Barrientos' Studiengebiet der Auffassung, dass der Wolf völlig ausgerottet werden sollte. Weitere 35 % meinen, Wölfe müssten so weit „kontrolliert" werden, dass nur noch wenige überleben. Der Rest ist unschlüssig. Nicht einer der Befragten glaubte, dass der Wolf ein wertvoller nationaler Gewinn sei. Gleichwohl jedoch ist die Einstellung der Bevölkerung in Kastilien-León weniger hart als die der Menschen im Norden, wo die Schäfer mit den Biologen noch nicht einmal über Wölfe reden wollen.

Ebenso wie die anderen Biologen in Spanien hat Barrientos Angst, dass die Wölfe, deren Zahlen zurückgehen, den Krieg verlieren werden. Nehmen wir die Wölfe in diesem Gebiet des nördlichen Kastilien-León, an der fast baumlosen Grenze zu den Provinzen Palencia und León. Barrientos kennt die vier Rudel, die hier gelebt haben. Er folgte ihrem Leben in den Außenbezirken von acht Dörfern, Orten, die aus Lehm und Stroh gebaut worden sind. Die spanischen Wolfsrudel sind relativ klein, bestehend aus einem Elternpaar, ein oder zwei Jungtieren, die bei der Aufzucht der Jungen helfen und den diesjährigen Welpen. Barrientos schätzt, dass alle Rudel aus dem Gebiet von Kastilien-León zusammen aus etwa 30 bis 55 Wölfen bestehen.

Am späten Nachmittag, nachdem er mit mindestens 25 Schäfern und Bauern gesprochen hat, überfliegt Barrientos noch einmal seine Notizen und zählt die Wolfszahlen zusammen. „Sechzehn tote Tiere", stöhnt er, „in den letzten paar Monaten, von Menschen gejagt."

Diese grausamen Zahlen - vermutlich die Hälfte der Wölfe in diesem Gebiet - spornen ihn nur umso mehr an, die Überlebenden zu finden, und er fährt weiter, sucht nach Schäfern, versucht verlässliche Berichte neuerer Sichtungen zu finden. Er versucht besonders herauszufinden, ob er irgendwelche Wölfe mit Welpen entdecken kann. Sein rundes Gesicht ist deutlich bewegt. „Irgend etwas stimmt da nicht. Schlimm, sehr schlimm."

Die legale Wolfsjagd ist vermutlich die einzige und größte Ursache der Wolfs-Sterblichkeit in Spanien. Saison ist im Herbst, wenn die Jäger Hunde benutzen, um die Wölfe aus dem Dickicht herauszutreiben. In einigen der nördlichen Provinzen gibt es auch eine Frühlingsjagd.

Die Jagdsaisonen begannen 1989, als ein königlicher Beschluss den Wolf als jagdbares Tier klassifizierte, um ihm dadurch Schutz vor unkontrollierter Jagd zu geben. In diesem Jahr töteten Jäger legal 309 Wölfe. Diese Zahl scheint am verlässlichsten zu sein und - so glaubt

Barrientos - repräsentiert die Zahl der jährlich getöteten Wölfe.

Die legale Jagd auf eine solche gefährdete Tierart ist an sich schon problematisch, glaubt Barrientos, aber viele Menschen fühlen sich auch gerechtfertigt, das ganze Jahr hindurch Wölfe illegal zu töten. Hierzu wird oft Gift benutzt. Aber die schrecklichste Form der Wilderei ist, Welpen in einer Höhle aufzuspüren und sie dort zu töten. Etwa 25 % der jährlich in Spanien getöteten Wölfe sind Welpen. In dieser Saison ist Barrientos äußerst motiviert, Wölfe zu finden, die Welpen erwarten. Offensichtlich ist es schwer, die Gesamtzahl der illegal getöteten Tiere zu schätzen, aber die Biologen glauben, dass dies die Anzahl der von Menschen getöteten Wölfe auf 500 oder 700 erhöht. Das ist eine große Zahl, vermutlich größer als die Anzahl der Jungtiere eines Jahres.

Die meisten Jäger sind der Überzeugung, dass sie Nutztiere gegen die Raubzüge eines zu fürchtenden Beutegreifers verteidigen. Nationale Schätzungen von 1989 (dies sind die letzten verlässlichen Daten) geben die Verluste an Nutzvieh mit 1,8 Millionen DM an. Etwa 75 % dieser Verluste geschehen im äußersten Norden von Kantabrien und Asturien, wo die Lebensbedingungen von denen in der landwirtschaftlichen Ebene sehr verschieden sind. In den rauen Bergen der kantabrischen Kordilleren lassen die „campesinos“ ihre Tiere frei in den Bergen und Tälern grasen. Die Wölfe in den Bergen ernähren sich von Reh- und Rotwild, Wildschweinen und Hasen. Sie reißen aber auch unbewachte und leicht zu greifende Nutztiere. Einige Rudel überleben fast vollständig von Nutzvieh.

Für Barrientos jedoch beweisen diese Statistiken, dass der tödliche Hass auf den Wolf auf viel tieferen, psychologischen Ebenen basiert als dass es ein wirtschaftliches Problem ist. In Kastilien-León richtet der Wolf wenig Schaden an, so behauptet Barrientos. Im gesamten spanischen Wolfsgebiet machen laut Barrientos Wolfsrisse nur etwa 2,5 Prozent des Gesamtwertes der Nutzviehindustrie aus.

1989 wurden in der Provinz von Palencia 300 Schafe und nur 23 Rinder von Wölfen getötet. In dieser domestizierten Landschaft grasen die Schafe niemals unbewacht. Sie werden von einem Schäfer und mehreren Hunden begleitet. Die Schäfer tragen auch oft ein Gewehr. Unter den Hunden befindet sich oft ein riesiger Mastiff, der dazu gezüchtet wurde, gegen Wölfe zu kämpfen. Mastiffs reichen leicht über die Taille eines mittelgroßen Mannes und haben große, kraftvolle Kiefer. Sie tragen außerdem eine andere örtliche Erfindung, das „ carlanca“, ein breites und gemein aussehendes Halsband, das mit riesigen Stacheln gespickt ist. Wenn der Wolf sich auf die Kehle eines Hundes stürzt, der ein solches Halsband trägt, dann bekommt er statt dessen ein Maul voll Stacheln, die seinen Gaumen so zerreißen können, dass er nicht mehr fressen kann.

„Wölfe werden hier nicht getötet, weil sie Schaden anrichten", sagt Barrientos, „sondern wegen der Vorurteile und Vergeltung. Es ist eine nationale Entehrung. Eine Barbarei."

Die Wölfe in Kastilien-León sind weniger Beutegreifer als Aasfresser und überleben hauptsächlich von toten Schafen und Kühen, aber sie jagen auch Wildschweine und Hasen. Barrientos beobachtete sogar, wie zwei Wölfe in 45 Minuten 26 „topillos" (kleine, maulwurf-ähnliche Nagetiere) fraßen. Sie fressen sogar Müll. Um die Gefahren, die ihnen drohen, zu bestehen, müssen Wölfe anpassungsfähige Opportunisten sein.

Nach noch mehr Interviews hat sich Barrientos am späten Abend auf ein Gebiet mit verlässlichen Berichten über Wolfssichtungen konzentriert. Die Gegend sieht gut aus für Wölfe, und sie deckt einen der überraschendsten Aspekte der Anpassungsfähigkeit der spanischen Wölfe auf. In der monotonen Landschaft der flachen Hügel in Kastilien-León wird fast vollständig Getreide angebaut, insbesondere Weizen, Gerste und Roggen. Die Landschaft ist eine breite Ausdehnung von Getreidefeldern, gesprenkelt mit offenen Gebieten, wo das Land einige Jahre brach liegt, um sich selbst zu revitalisieren. Gelegentlich erheben sich felsige Ausbrüche, bedeckt mit Pinien und Eichen, über den grünen Weizen. Diese werden „montes" genannt, obwohl nur ein Flachländer sie als Berge ansehen könnte.

Die Wölfe in Spanien graben keine Höhlen, um ihre Jungen zu bekommen, so wie in Nordamerika. Statt dessen halten sie nach geschützter Bedeckung Ausschau und bekommen ihre Jungen oberhalb der Erde. In diesem Brotkorb Spaniens ist oft der sicherste Ort der Wölfe für die Geburt nicht zwischen den Bäumen auf den Bergen, sondern in den Weizenfeldern selbst.

In den Hügeln hinterlassen die Wölfe viele Spuren, was es leicht macht, ihnen zu folgen. Hunde, die sich sehr oft in den Hügeln aufhalten, können den Wölfen dann bis zur Welpenhöhle folgen. Darum suchen die Wölfe sich einen schönen Hang in der Mitte eines ausgedehnten Weizenfeldes mit Wasser in der Nähe, guten Vorgebirgen für einen Ausguck und vielleicht auch noch einem großen Busch. Dort ziehen sie ihre Jungen auf.

Gegenüber von einem Weizenfeld findet Barrientos einen hochgelegenen Platz, der einen weiten Blick zulässt. Er bereitet sich darauf vor, die Wölfe zu beobachten, während der Abend sanft ausklingt. „Diese Menschen sind nicht dumm", sagt er. „Sie wissen, dass sich die Wölfe paaren. Sie werden die Babys holen wollen."

Während er seine Pistazien kaut und mit scharfer Wachsamkeit auf die Wölfe achtet, beobachtet er den Punkt so lange, bis es zu dunkel wird, um noch etwas zu sehen. Nichts. So werden die Wölfe in Spanien studiert - auf die harte, arbeitsintensive Art. Da die Kreatur als Schädling angesehen wird, wird wenig Geld für Studien über sie ausgegeben.

Barrientos arbeitet ehrenamtlich, weil er Wölfe liebt. Er hat keinen Vertrag. Augenblicklich tragen zum Beispiel keine Wölfe in Spanien Radiohalsbänder, eine Methode, die in Nordamerika so wichtig für das Studium der Tiere ist. Daten über Population, Verbreitung, Sterblichkeit und Lebensgeschichte sind wichtig für die Entwicklung eines wissenschaftlichen, nationalen Managementplans für den spanischen Wolf. Solche Daten sind, gemeinsam mit einer verstärkten Finanzierung für Forschungen, die erste große Notwendigkeit für den Wolfsschutz. Dennoch hat derselbe königliche Erlass, der den Wolf als jagdbares Wild klassifiziert hat, die Managementverantwortlichkeit den einzelnen Autonomien und Provinzen übertragen, wo die lokalen Behörden sehr viel nachgiebiger gegenüber der stimmgewaltigen Meinung ihrer manchmal fanatisch gegen Wölfe eingestellten Wähler sind.

Die zweite wichtige Notwendigkeit für den Wolfsschutz in Spanien ist nach einer neueren umfassenden Wolfsstudie ein Programm, um den Schäfern den Schaden, der durch die Wölfe verursacht wurde, zu ersetzen. Das bestehende Programm ist schwach, weil es den lokalen Behörden überlassen wird, von denen einige keinen „Schadensersatz" zahlen wollen. Nur etwa ein Viertel dieser Schäden werden ersetzt. Barrientos ist der Auffassung, dass das Programm ausgedehnt werden sollte, damit die Menschen den Wolf nicht länger als wirtschaftlichen Konkurrenten ansehen müssen.

Die Einstellung der Menschen könnte sich ändern. Es könnten mehr Barrientos' Liebe für den Wolf schätzen lernen, die sogar körperliche Grenzen zu überschreiten scheint. Obwohl er in den Weizenfeldern keine Wölfe gesehen hat, obwohl er schon seit 5.30 Uhr morgens unterwegs ist, ist er nicht bereit, aufzugeben. Oft schläft er am Ort in seinem Land Rover, inmitten einer Mischung von Essen, Decken und Ausrüstung, damit er am nächsten Morgen früh bei seiner Arbeit sein kann.

Das ist auch heute sein Plan.

Aber zuerst - das ist ein letzter Versuch - wird er in den Bergen heulen. Im Schein seiner Taschenlampe sieht er frische Wolfsspuren. Er schickt ein langes und geübtes Wolfsgeheule in die klare Nacht. Dann noch eins, und ein weiteres. Nach jedem Heulen hört er intensiv zu. Endlich hört er weit entfernt einen Wolf heulen. Nein, zwei Wölfe. Ihre hohen Töne sind schwermütig, klagend und unvergesslich.

Barrientos antwortet, und das Heulen scheint langsam näher zu kommen. Bald starrt Barrientos in die Bäume. Mit kaum hörbarem Flüstern sagt er: „Sehen Sie die Umrisse der Wölfe, die sich zwischen den Schatten bewegen?" Endlich hat er sie doch noch gefunden. Wölfe bewegen sich hinter ihm im Dunkeln.

Später, in seinem Land Rover, legt er seinen Sitz zurück, um zu schlafen und erklärt dabei, warum er sich für den Schutz des Wolfes einsetzt. „Wenn es keine Wölfe gibt", sagt er, „dann fehlt etwas in diesem Land. Der Wolf ist so intelligent, so mystisch. Sogar der lange Krieg gegen den Wolf macht ihn noch großartiger. Der Wolf ist meine Therapie. Er ist meine Heilung. Ich möchte nirgendwo, in keinem Land, leben, wo es keine Wölfe gibt."

*(Wolf Magazin 2,1998)*

## Wie man einen Wolf tötet

Von George Lacock

Hier kannst du lernen, wie man einen Wolf tötet:

An einem klaren, Alaskanischen Tag machst du deinen Pre-Flight-Check an deinem einmotorigen Flugzeug, packst dein halbautomatisches 223er Gewehr ein, mit dem du 20 und mehr Schüsse so schnell abschießen kannst, wie du den Abzug durchdrücken kannst. Dann steigst du in die Luft und kreist über der schneebedeckten Wildnis.

Unter dir wird gelegentlich ein Elch oder ein Karibu erscheinen und immer ein Muster von Spuren, wie ziellose Reihen von Stichen auf einem weißen Leinen. Du kannst sehen, wo der Elch seinen Bauch durch den tiefen Schnee schleift; und früher oder später werden Wolfsspuren zu sehen sein, in denen jedes Rudelmitglied in der Spure des Wolfes vor ihm läuft. Wenn du tiefer fliegst, kannst du die Abdrücke der Pfoten im Schnee sehen – teilweise sogar die Klauenabdrücke – und erkennen, in welche Richtung die Wölfe laufen.

Die Spur führt dich weiter, manchmal über 40 Meilen. Dann, hinter einem Berggipfel, siehst du in der Entfernung dunkle Tiere, die in einer Reihe das Schneefeld überqueren. Nun beginnt dein Adrenalin zu fließen.

Dein Flugzeug legt die Entfernung schneller hinter sich. Der tiefe Schnee ermüdet die Wölfe. Wenn sie nicht unter den Bäumen in Deckung gehen können, haben sie keinen Platz, sich zu verstecken. Und wenn das Rudel vorher schon beschossen worden ist – so wie die meisten Rudel in bevorzugten Jagdgebieten – dann wissen die Wölfe, dass das Flugzeug sie bedroht, und sie werden bis zur Erschöpfung versuchen, zu entkommen.

Du landest dein mit Ski ausgerüstetes Flugzeug in der Nähe, kletterst heraus und schießt so viele Wölfe wie möglich. Du hast das Gesetz gebrochen, das es dir verbietet, wilde Tiere aus der Luft zu bedrohen. Aber unter den fliegenden „Wolfern" ist dies die allgemein übliche Praxis – und wer sieht dich schon? Enthäute deine Wölfe vorsichtig, denn du kannst ihr Fell für 600 bis 700 $ im Touristenhandel verkaufen.

Fast überall in Alaska gibt es kein Limit für die Anzahl der Wölfe, die du mit Hilfe des Flugzeuges töten kannst. Denn das aus sieben Mitgliedern bestehende Alaska Board of Game, die Jagdbehörde, die die

Jagdgesetze des Landes erlässt, hat sich geweigert, die Luftangriffe auf Wölfe zu stoppen, unabhängig von der Tatsache, dass die meisten Alaskaner diese Art von Jagd verdammen, da sie allen Regeln der fairen Jagd zuwider läuft. Der Druck einer ausgesuchten Minderheit von etwa 75 Privatflugzeugbesitzern hält diese Praxis am Leben.

Die Wolfsjagd aus der Luft hatte ihren Höhepunkt nach dem Zweiten Weltkrieg. In der Annahme, dass weniger Wölfe mehr Karibus bedeuten, bot der U.S. Fish & Wildlife Service Piloten kostenlose Munition und ermutigte sie, in die Arktis zu gehen und so viele Wölfe wie möglich zu schießen. Regeln der fairen Jagd hatten keinen Platz in diesem aufgeheizten Krieg gegen Raubtiere. Piloten, die aus dem Krieg zurück kamen, wussten, wie sie mit Zielen auf dem Boden umgehen mussten. Sie steckten ihre Gewehre durch die Fenster ihrer Maschinen und schossen aus der Luft auf die Tiere. Einige montierten Gewehre an die Außenseite ihrer Flugzeuge. Mindestens ein Pilot montierte zwei zwölfschüssige Gewehre auf die Flügelstützen. Er befestigte sie so, dass, wenn er tief und langsam über ein Wolfsrudel flog, er lediglich die Drähte, die am Abzug befestigt waren, ziehen musste und damit ein Schussmuster anlegte, dem nichts entkommen konnte.

Zusätzlich begann 1948 der Fish & Wildlife Service noch, sein eigenes Personal zu sammeln, um Wölfe im nördlichen Alaska zu vernichten. Diese Regierungsagenten arbeiteten zu zweit, ein Flieger und ein Schütze. Die meisten von ihnen erinnern sich heute nicht mehr gerne an das, was sie für ihr Regierungsgehalt getan haben.

Auf dem Höhepunkt der Wolfstötungszeit töteten drei Teams 270 Arktiswölfe innerhalb von zwei Wochen. Der beste Schütze schoss 167. „Sie waren so verletzlich“, sagte er. „Die armen Tiere hatten keinen Platz, sich zu verstecken. Wir sahen nur zwei, die uns entkamen.“

Die meisten dieser Männer wurden krank von dem, was sie tun mussten. Ein Biologe reduzierte die Wolfspopulation in seinem Gebiet auf ein winziges Rudel von 12 Tieren. Als er sich weigerte, die letzten von ihnen zu töten, schrieb sein Vorgesetzter einen Verweis in seine Personalakte, dass er „seine Arbeit politisiert“ habe.

Biologen sind der Meinung, dass sich die nördliche Wolfspopulation immer noch nicht erholt hat. Man rechnet nun auch nicht mehr mit einer Verbesserung, da die Schneemobile der Einheimischen ebenso effektiv zur Wolfstötung eingesetzt werden wie Flugzeuge. Victor van Ballenberghe, ein hoch geachteter Wolfsbiologe und ehemaliges Mitglied im Alaska Board of Game, glaubt, dass die Gegend, in der die westlichen, arktischen Karibuherden leben, heute eine Wolfspopulation zwei- oder dreimal so stark wie die augenblickliche Zahl tragen könnte, ohne die Größe der Karibuherden zu reduzieren.

Ähnlich ist im Nelchina Basin, einem bekannten Großwildjagdgebiet nördlich von Valdez in Südzentralalaska „genügend Platz für viel mehr Wölfe, ohne die Beute der Jäger zu reduzieren", sagt van Ballenberghe. „Mit Ausnahm von Denali", fügt er hinzu, „ist es schwer, heutzutage auf Alaskas Straßen zu fahren und einen Wolf zu sehen."

Wissenschaftler schätzen die Wolfspopulation von Alaska auf 5.000 bis 6.500 Tiere, ungefähr die Hälfte der Zahl von vor 10 Jahren. Diese Verringerung der Wolfszahlen in dem einzigen US-Staat, der noch abschätzbare Wolfszahlen hat, hat ihre Ursache in verschiedenen Faktoren neben der Jagd aus dem Flugzeug. Aber in den letzten drei Jahren waren die fliegenden Jäger ursächlich für 42 % aller Wölfe, die getötet und dem Alaska Department of Fish and Game gemeldet wurden.

Bis 1971 konnte ein Pilot ganz legal Alaskas Wölfe direkt aus der Luft schießen. In diesem Jahr erließ der Kongress den „Airborne Hunting Act" (Anm. d. Red.: Dadurch wird es verboten, Tiere aus der Luft zu jagen). Obwohl dieses Gesetz dem illegalen Abschuss von Adlern in den westlichen Staaten entsprang, wurden auch andere Arten in seinen Schutz einbezogen.

In Alaska saßen die fliegenden „Wolfer" im Board of Game, das das Gesetz mit einer eigenen Regel umging, die besagte, dass man ein Flugzeug nutzen darf, um Wölfe, Vielfraße und Füchse zu töten. Man darf jedoch das Wild nicht aus der Luft bedrohen oder hetzen, sondern muss aus dem Flugzeug aussteigen, bevor man es erschießt. Außerdem muss man ein Gewehr benutzen und keine Schrotflinte.

1986 wurde der Biologe Vic van Ballenberghe Mitglied des Alaska Board of Game. Damit hatte das Mitglied Joel Bennet, langjähriger erbitterter Gegner der land-and-shoot-Jagd, Unterstützung. Gemeinsam überzeugten sie das Komitee, die Gebiete, in denen die Flugzeugjagd auf Wölfe erlaubt war, zu verkleinern. Sie hofften, dass das Board schließlich diese Praxis ganz beenden würde. Aber 1989 vergrößerte sich wieder das Gebiet, das für die Flugzeugjagd offen war.

Da es das Gesetz verbietet, ein Flugzeug zu benutzen, um Wildtiere zusammenzutreiben, zu hetzen, zu bedrohen oder zu belästigen, bat ich Al Crane, den ältesten Gesetzeshüter des Fish & Wildlife Service (FWS), den Begriff der „Belästigung" zu definieren: „Wir definieren es als eine Aktion, die das Tier zwingt, seine Aktivität zu verändern."

In der Theorie kann also ein Wolfsjäger landen und die Wölfe auf Schneeschuhen verfolgen, sie stellen und töten, ohne sie aus der Luft zu belästigen. Obwohl es keine Möglichkeit gibt, zu erfahren, welcher Prozentsatz von getöteten Wölfen nach dem land-and-shoot-Plan legal erlegt wurde – wenn überhaupt – so glauben die meisten Beobachter, dass sich diese Zahl um Null bewegt. Erfahrene Alaska-Flieger und Jäger erzählen mir einer nach dem anderen, dass jeder, der Wölfe mit dem Flugzeug jagt, das Gesetz brechen muss. Van Ballenberghe sagt: „Es ist praktisch unmöglich, land-and-shoot legal zu praktizieren. Einige versuchen es vielleicht, aber auch sie werden irgendwann das Gesetz beugen."

Gordon Haber, ein anderer Wildbiologe, der Wölfe während der letzten 25 Jahre mit Hilfe des Flugzeuges beobachtet hat, sagt: „Jeder, der Erfahrung hat, weiß verdammt gut, dass es keine Möglichkeit gibt, Wölfe aus der Luft zu jagen, ohne das Gesetz zu brechen." Als der Vizepräsident der National Audubon Society (eine Naturschutzorganisation), David Cline, vor ein paar Jahren hundert Wolfsfelle im Lager eines Pelzhändlers von Anchorage untersuchte, hatten viele von ihnen Schrotkugellöcher, ein Zeichen, dass die Wölfe aus der Luft geschossen worden waren.

Während die ausgeschiedenen Regierungsagenten, die einst Wölfe professionell getötet haben, sich weigerten, über die Tiere zu sprechen, die sie 40 Jahre zuvor geschossen haben, versammelten sich die heutigen Hobbyjäger, um Geschichten über die Heldentaten ihrer Wolfstötungen auszutauschen. Ein Teil des Besonderen ist es, zu beweisen, dass man die Gefahren überleben kann. Wenn der Pilot in Bodennähe fliegt, dann glaubt er, dass die unberechenbaren Bewegungen der Wölfe eine tiefe Schräglage, scharfe Reflexe und sofortige Anpassung erfordern. Ein kurzes Zögern, ein Windstoß oder ein mechanischer Fehler können das Flugzeug in die Bäume oder die Felsen drücken. Einige Wolfsjäger haben dabei sogar ihre Flugzeuge zerstört und sich selbst umgebracht.

Offizielle Naturschützer berichten, dass es eine der schwierigsten Herausforderungen ist, die fliegenden Gesetzesbrecher zu fangen. Die Verbrecher sind im Vorteil, Verhaftungen sind selten und bleiben in Erinnerung. Im März 1989 wurde Ronald T. Peltola aus Bethel festgenommen. Als Folge wurden sein Flugzeug, sein Gewehr und 15 Wolfsfelle vom Staat beschlagnahmt. Er zahlte 1000 $ Strafe, verbüßte zehn

Tage im Gefängnis und durfte zwei Jahre lang keine Wölfe jagen.

In einem anderen bemerkenswerten Fall wurden Errol F. Remsing und andere, die mit ihm im nördlichen Alaska und entlang der kanadischen Grenze illegal gejagt hatten, wegen eines Kapitalverbrechens angeklagt. Unter den Beweismitteln befanden sich Remsings Tagebuch – eine fortlaufende Aufzählung von Daten, Plätzen, Namen der Jäger, Jagdtaktiken und getöteten Tiere. Nachdem er eine Jagd im Arctic National Wildlife Refuge beschrieb, bei der er mit seinem Flugzeug Grizzlybären aus der Deckung trieb, so dass er schießen konnte, schrieb in sein Tagebuch von zwei „wunderschönen Grizzlies", die er geschossen hatte. Er schrieb: „Ein langer, erschöpfender Tag; aber ich bin mit Sicherheit sehr glücklich darüber."

Diese Aufzeichnungen machten seine Jagdfreunde nicht glücklich. Sie und die Zeugenaussagen einiger Verhafteter reichten als Beweismittel für den Staatsanwalt von Fairbanks, um zu 14 Verurteilungen zu Geld- und Haftstrafen zu führen, zu langen Bewährungsstrafen, dem Widerruf der Jagderlaubnis und der Beschlagnahme von Gewehren, Wolfsfellen und fünf Flugzeugen.

Dennoch wissen die Behörden, dass die meisten der illegalen Wolfsjäger ohne Bestrafung davonkommen. Beweismaterial für eine illegale Wolfsjagd zu sammeln ist schwierig, auch wenn man Glück hat. An einem Tag im frühen März 1989 sah Bruce Collins, Chefranger von Gates im Arctic National Park, fünf Piper Supper Cubs, die Flugzeuge, die Wolfsjäger benutzen, auf der Startbahn von Bettles geparkt. Diese Siedlung, etwa 200 Meilen nordwestlich von Fairbanks, ist bevorzugtes Operationszentrum für eine Gruppe von Wolfsjägern aus Anchorage geworden. Eines dieser Flugzeuge gehörte Dr. John D. „Jack" Frost, ein weiteres Charles J. „Chuck" Wirschern, einem Großwild-Jagdführer.

Zwei Tage später flogen Collins und Ranger Judy Alderson etwa eine Meile oberhalb des Old Dummy Lake. Sie nahmen über Funk ein Gespräch von Fliegern auf, die illegal Wölfe im Kanuti National Wildlife Refuge jagten. Die Piloten identifizierten sich als Chuck und Jack. Collins benachrichtigte FWS Spezialagenten Al Crane in Fairbanks, und die Beamten begannen, zusätzliches Beweismaterial zu sammeln und die Geschichte zusammenzustellen.

Als Anfang hatten sie das Funkgespräch, das von Collins und Alderson abgehört worden war:

„Wir haben fünf von ihnen entdeckt und zwei erschossen."

„Jimmie hat einen.“

„Er war nicht vollständig tot. Wir fliegen später noch einmal zurück. Das verdammte Ding ist hochgesprungen und hat in meine Tragfläche gebissen.“

„Ich hab‘ nicht allzu viel aufgepasst, außer auf die Baumspitzen, und versucht, ihn zum See zurückzutreiben.“

„Jimmie hat drei Pfeile in ihn gesteckt. Er hat uns immer noch angeschaut. Darum will ich nicht Gefahr laufen, gebissen zu werden. Wir gehen später zurück.“

„Er hatte einen Pfeil in seinem Hintern, und das gefiel ihm gar nicht.“

Als Crane später in das Gebiet des Dummy Lake flog, stand die Geschichte immer noch in den Schnee geschrieben. Als Gesetzeshüter, Veteran seit 20 Jahren, der schon Tausende von Stunden über Alaska geflogen ist und seine Wildnis genau kennt, konnte er die Zeichen entziffern. Er sah, wo die Wölfe mit Hilfe des Flugzeuges innerhalb des Schutzgebietes getötet worden waren. Die rennenden Wölfe hatten abrupte Richtungswechsel gemacht, sogar ihren Kurs völlig verändert, und hier und dort zwischen den Wolfsspuren waren die Skispuren von Flugzeugen zu sehen. Dies waren nicht die geraden Spuren eines Flugzeuges, das landet und startet. Tiefe Skispuren auf der Außenseite der Wendungen erzählten Crane, dass das Flugzeug scharfe Drehungen gemacht hatte, während es mit hoher Geschwindigkeit am Boden fuhr.

Die Wölfe hatten sich offensichtlich unter extremem Stress befunden. Mindestens einer ist mehrfach hingefallen und hat wiederholt in den Schnee uriniert. Crane hat fünf Stellen gefunden, wo Wölfe von Flugzeugen, die ihre Spur im Schnee hinterlassen haben, gejagt worden sind.

Einer der Wolfskadaver, der später im Kriminallabor untersucht wurde, hatte einen abgebrochenen Pfeil in der Analgegend. Der Schaft passte genau auf einen Pfeil, der einem der Mitglieder der Frost-Wirschern-Jagdgesellschaft gehörte.

Nachdem sie ausführliche Informationen gesammelt hatten, erhielten die Regierungsbeamten einen Durchsuchungsbefehl für Haus und Büro von Dr. Frost. Sie fanden ausreichende Beweismittel und erhoben Anklage. Wirschern wurde vor ein Schwurgericht gestellt und ließ sich auf einen Handel ein. Er wurde zur Zahlung von 10.000 $ Strafe verurteilt, sein Flugzeug, die Wolfsfelle und ein Schaf, das er illegal geschossen hatte, wurden beschlagnahmt; er verlor für zwei Jahre seine Jagd- und Trapperlizenz und für drei Jahre seine Jagdführerlizenz und musste 15 Tage ins Gefängnis. Um einen langen, schmerzhaften und publikumswirksamen Prozess zu vermeiden, bekannte sich Frost schuldig und erklärte sich einverstanden mit der Verurteilung in zwei Fällen wegen illegaler Jagd in einem Schutzgebiet, Transport von illegal gejagten Tieren und Verstoßes gegen das land-and-shoot-Gesetz. Er erklärte sich mit einer langen Bewährungszeit einverstanden, zahlte 10.000 $ Strafe und gab für zwei Jahre seine Jagdlizenz zurück.

Aber der Fall war damit noch nicht erledigt. Als Frost zur Urteilsverkündung erschien, erklärte der Richter, dass er wegen der Schwere der Tat die Strafe als zu leicht empfinde. Daraufhin entschloss sich Frost, vor Gericht zu gehen. Frost hat erklärt, dass er sich selbst als übergeordnetes Raubtier sieht, „ein mechanischer Falke". Er ist stolz auf seine Wolfstötungen.

Wie diese Art von Wolfsjagd von Alaskas offiziellen Behörden verziehen und ermutigt wird, ist eher verständlich, wenn man die Vorurteile vieler Alaskaner über Wölfe kennt und die Art und Weise, wie das Board of Game funktioniert. Das Komitee, das das letzte Wort bei der Jagdgesetzgebung Alaskas hat, trifft sich zu zwei langen Sitzungen jährlich. Diese Sitzungen dauern etwa zwei bis vier Wochen. Zusätzlich gibt es noch mehrere kurze Sitzungen jährlich.

Die Mitglieder dieses Komitees werden vom Gouverneur unter verschiedenen Kandidaten ausgewählt. Diese Kandidaten müssen dann von der Legislative bestätigt werden, wo noch eine weitere Auswahl getroffen wird. Vic van Ballenberghe blieb nur für eine Saison im Board of Game, bevor Wolfsjäger, Jagdführer und Amateur-Wildnismanager genug Druck auf den Gouverneur ausgeübt hatten, um ihn hinauszuwerfen.

Wenn die Änderung eines Jagdgesetzes beschlossen werden soll, wird das Komitee von mehreren hundert Mitgliedern von 75 Beratungskomitees aus dem ganzen Land sowie von jedem Staatsbürger, der eine Aussage machen will, beraten. Darunter befinden sich unter anderem auch die professionellen Führer, die in jedem wilden Schaf oder größeren Wild, das von Wölfen gerissen wird, einen kommerziellen Wert sehen, der dem Trophäenmarkt verloren geht. In der Zwischenzeit werden auch die Meinungen von Alaskas professionellen Wildbiologen gehört, von denen einige starke Wolfskontroll-Advokaten sind.

Die, die für die Tötung von Wölfen sind, mögen die Frage der Ethik als ein Nebenthema – oder überhaupt kein Thema – erachten. Der Jahrhunderte alte Wolfshass lebt immer noch. Weil Wölfe Tiere töten, die Menschen wollen, meint man, sie verdienen, was immer ihnen auch geschieht. Während einer öffentlichen Diskussion des Alaska Board of Game im November 1989 lehnte der Vorsitzende eine Diskussion zum Thema der Ethik bei der Wolfsjagd ab. Die Anchorage Daily News zitierte ihn: „Ich rechne den Wert der Ethik nicht als hoch an..., er hat keinen Einfluss auf das Wildmanagement."

„Seit Jahren versuche ich zu verstehen, warum es immer wieder so viel Geschrei nach noch mehr Wolfstötungen gibt", sagt Joel Bennett. „ Das Komitee funktioniert auf der Basis von Instinkt, nicht von Fakten. Es scheint eine emotionale Basis für seine Entscheidungen zu geben." Er entdeckt einen reinen Hass auf Wölfe und spekuliert über seiner Grundlage. Er fragt, wie viel davon psychologisch ist und ob es einer grundsätzlichen Unsicherheit oder uralten Ängsten entstammt.

Viele Alaskaner glauben, dass die Land-and-shoot Jagd langsam aufhören wird, und dass der Staat einen würdevolleren Weg aus diesem Dilemma sucht. Aber solange das Schwergewicht der Komiteestimmen auf „Ja" liegt, wird die Land-and-shoot-Taktik fortgesetzt, bis sie in einer landesweiten Wahl abgelehnt wird. Es gibt eine allgemeine Übereinstimmung, dass, wenn man ihnen die Möglichkeit gibt, diese wilden Caniden zu verteidigen, Alaskas Jäger und Nichtjäger gleichermaßen das Board of Game mit einer großen Mehrheit überstimmen würden, diese Land-and-shoot-Wolfsjagd zu beenden.

*(Wolf Magazin Herbst/Winter 1992)*

*Anmerkung des Herausgebers:*

*Anfang 1996 wurde die Land-and-shoot-Jagd aufgrund einer Bürgerinitiative verboten. Anfang 2000 genehmigte der Gouverneur von Alaska diese Art der Jagd für Privatbürger.*

*Im November 2000 haben die Bürger von Alaska bei einer Wahl erneut gegen die unfaire und unsportliche Jagd auf Wölfe gestimmt.*

# Warum?

Von Frank Simon

Die kleine Propellermaschine zog eine lange Fahne aus Pulverschnee hinter sich her, während sie schneller und schneller über die weite, glitzernde Fläche des zugefrorenen Sees jagte. Einen winzigen Augenblick lang schwankte sie bedrohlich, als eine unter dem Schnee verborgenen Unebenheit die Leistungsfähigkeit des Fahrgestells auf eine harte Probe stellte. Dann hatten die robusten Kurzski wieder sicheren Bodenkontakt, und das dröhnende Brummen des Motors schien sich noch einmal zu steigern. Schließlich hob sie ab, stieg steil in die Höhe und drehte sich in sanfter Schräglage einem weit entfernten Ziel entgegen.

Er sah ihr noch einen Moment nach, während er innerlich ihren Piloten verwünschte. Er fühlte sich immer noch etwas wacklig auf den Beinen; von dem unbehaglichen Gefühl in der Magengegend gar nicht zu reden. Dieser Kerl musste lebensmüde sein. Schlimmer noch – es schien ihm Spaß zu machen, seine Kunden daran teilhaben zu lassen. Immer wieder hatte er ihn kurz angegrinst, während er fortwährend die Manövrierfähigkeit seiner Maschine auf engem und engstem Raum unter Beweis stellte. Er verdrängte den Gedanken, sich ihm nochmals anvertrauen zu müssen. Wer weiß, vielleicht würde er dann auch vergebens hier warten, weil der Kerl in der Zwischenzeit weitergehende Bekanntschaft mit einem der vielen Felsgrate gemacht hatte, die er so gerne dicht an den Tragflächenenden vorbeihuschen ließ.

Doch eines musste man ihm lassen: Er hatte sie gefunden. Die anderen beiden Piloten hatten ihm nicht den Schweiß auf die Stirn getrieben, doch sie hatten sich als unfähig erwiesen, die Wölfe aufzuspüren, von denen ihm berichtet worden war. Er hatte sein letztes Geld in diesen Flug gesteckt, und wie es schien, war das Glück diesmal auf seiner Seite.

Langsam kehrte die nahezu perfekte Stille zurück, die diesen Ort prägte. Er empfand es als Wohltat nach der knappen Stunde, in denen er das Dröhnen des Motors über sich ergehen lassen musste. Trotz der Sonne war es empfindlich kalt, viel kälter, als es der Jahreszeit entsprach. Nun, er war Kälte gewöhnt und würde es überleben. Er schloss seine Kleidung, die er in dem warmluftbeheizten Cockpit gelockert hatte, zog die Handschuhe an und schulterte sein Gewehr. Dann begann er, die wenigen Stücke seiner Ausrüstung zusammenzuschnüren, die er zuvor aus der Maschine geworfen hatte.

Nach seiner Schätzung mussten es ungefähr zehn Meilen sein, lächerliche zehn Meilen, die ihn jetzt noch von den Wölfen trennten. Natürlich würden sie nicht mehr da sein, wenn er die Stelle erreichte, wo der Pilot sie entdeckt hatte. Doch für die nächsten Tage bestand laut Wetterbericht keine Gefahr, dass ihre Fährten von Neuschnee bedeckt würden, und auch der Wind hatte sich fast völlig gelegt. Er braucht nur ihre Spuren zu finden, der Rest war Routine.

Ein kurzer Rundblick reichte ihm zur Orientierung, dann stapfte er los.

Als er die kleine Lichtung schließlich erreicht hatte, brauchte er nicht lange zu suchen. Es waren zwei, den Spuren nach offensichtlich ein Paar. Sie schienen ziemlich entkräftet oder krank zu sein. Die Wölfin war auf der panischen Flucht vor dem Flugzeug sogar mehrmals gestürzt.

Je länger er ihren Fährten folgte, desto klarer wurde, dass hier jemand verzweifelt nach Nahrung suchte. Um so besser, denn sie waren dadurch weitaus langsamer, als er befürchtet hatte. In dieser Gegend würden sie kaum etwas finden, das ihren Hunger wirklich stillen konnte. Die bevorzugten Jagdgebiete hatten sich längst weiter nach Westen verschoben, und nur noch Unerfahrene oder Gefoppte kamen hierher, um nach einem Elch oder dergleichen zu suchen. Einigen Leuten schien es großen Spaß zu bereiten, Sonntagsjäger in diese Gegend zu schicken.

Vielleicht war das der Grund dafür, dass die Wölfe hierher gekommen waren. Weiter westlich dürfte es jetzt vor Gewehren nur so wimmeln. Doch nun, nachdem der Pilot auf dem Rückweg war, würde sich die Anwesenheit der Wölfe nicht länger geheim halten lassen. Er musste sich beeilen, wenn ihm nicht ein anderer zuvorkommen sollte. Das rhythmische Knirschen seiner Schritte beschleunigte sich, während sein Blick zwischen den Abdrücken der Umgebung ständig hin und her wechselte.

Einige Stunden später hatte er das Gefühl, als würden die Spuren immer frischer. Die Wölfe waren weit umher gestreift und hatten alle möglichen Nahrungsquellen erkundet. Wie es schien hatten sie dabei erwartungsgemäß nur ein paar kleinere Tiere aufspüren können. Seltsamerweise beschrieben ihre Fährten einen weiten Bogen und schienen nun einem unbekannten Ziel entgegenzustreben.

Als er einen kleinen See erreichte, der nun unter einer dicken Schneeschicht verborgen lag, konnte er ihre Anwesenheit förmlich spüren. So vorsichtig und lautlos wie er konnte schlich er sich näher an das mit dichtem Gestrüpp gesäumte Ufer und blickte auf das Rund des Sees.

Da waren sie!

Seine Hand zitterte leicht vor Erregung, als er nach dem Fernglas griff. Es waren die beiden herrlichsten Wölfe, die er je gesehen hatte. Der große Aufwand hatte sich wirklich gelohnt. Sie standen nahe dem anderen Ufer, dicht beieinander. Anscheinend hatten sie gerade ein kärgliches Mahl beendet, denn der Schnee dort zeigte einige rote Flecken. Während der Wolf immer noch auf etwas herum kaute, sah die Wölfin plötzlich auf und blickte sich um.

Besorgt, sie könne ihn vielleicht entdecken, prüfte er den Wind. Doch der leichte Hauch, den man kaum als Wind bezeichnen konnte, stand ausgesprochen günstig. Auch war die Entfernung zu groß, als dass sie ihn hätte hören können, so lange er sich nur einigermaßen ruhig verhielt. Die Bedingungen waren geradezu ideal.

Entsprechend der großen Distanz wählte er die neue, weit tragende Hochgeschwindigkeitsmunition und korrigierte das Zielfernrohr. Während er das Gewehr lud, sah er zu den Wölfen auf, ängstlich darauf hoffend, dass sie noch da waren. Doch seine Sorge war unnötig, sie standen nach wie vor an derselben Stelle. Er brachte das Gewehr in Anschlag. Die Wölfin stand halb verdeckt hinter dem Rüden, so entschied er sich für diesen als erstes Ziel. Sorgfältig visierte er ihn an, suchte den Druckpunkt und zog durch.

Das Projektil überwand die weite Distanz ohne viel an Geschwindigkeit zu verlieren. Es schlug mit einer solchen Wucht in den Brustkorb des Wolfes ein, dass es die Rippe, auf die es traf, völlig zerschmetterte, dann leicht deformiert, aber kaum abgelenkt, das Herz durchbohrte und erst im zweiten Lungenflügel zum Stehen kam. Der Wolf wurde förmlich von den Beinen gerissen und gegen seine Gefährtin geschleudert, um dann leblos in den Schnee zu sinken. Er starb, bevor der Knall des Schusses ihn erreichte.

Innerlich jubelnd lud er durch und visierte die Wölfin an. Wohl aufgrund des völlig unerwarteten Anpralls ihres toten Gefährten und des peitschenden Knalls kurz darauf war sie erschreckt zur Seite gesprungen und hatte sich nur kurz umgesehen, bevor sie in wilder Hast auf das nahe Ufergestrüpp zurannte. Er konnte nicht exakt mitziehen, da ein kleiner Zweig seiner lange geübten Präzision Widerstand entgegen setzte. Als die Kugel schließlich den Lauf verließ, wusste er schon, dass er wohl noch einmal würde nachladen müssen.

Das schlanke Geschoss fetzte knapp unterhalb der Wirbelsäule in ihren Rücken und streifte eine Niere, bevor es auf der anderen Seite wieder austrat, um sich in einen kleinen Hügel dahinter zu bohren. Er sah den Schnee aufspritzen, während er zu einer hastigen Bewegung ansetzte, um die dritte Patrone in Position zu bringen. Die Wölfin hatte vor Schmerz kurz aufgeheult, als die Kugel sie nieder riss, war aber dann schnell wieder aufgesprungen und hielt – kaum langsamer – weiter auf das rettende Gebüsch zu. Als er das Gewehr wieder im Anschlag hatte, war sie bereits verschwunden, so dass ihm nichts anderes übrig blieb, als blind auf die Stelle zu halten, an der sie verschwunden war. Er stieß einige heftige Verwünschungen aus, lud noch einmal durch und rannte hinüber.

Die Spuren führten durch das Gebüsch hindurch und verloren sich in dem waldigen Gelände dahinter. Sie war entkommen. Der letzte Schuss hatte lediglich einen kleinen Trichter in den Boden gerissen, aber die kleinen, roten Punkte, die ihre Abdrücke im Schnee begleiteten, zeigten ihm, dass er sie leicht würde einholen können.

Er blickte noch einmal forschend in die Richtung der Fährte, dann kehrte er zu dem erlegten Wolf zurück. Wirklich ein Prachtexemplar: groß, im besten Alter und mit einem wahrhaft exzellenten Fell. Die neue Munition hatte – wie es die Werbeanzeige versprochen hatte – nur ein winziges Loch hinterlassen, das man leicht ausbessern konnte.

Es dauerte nicht lange, das Fell abzuziehen, vorzubehandeln und fachmännisch zu verstauen. Den Kadaver warf er ins Gebüsch, um die Spuren zu verwischen. Der blutgetränkte Schnee erwies sich als hartnäckiger, aber die Kälte und eine entsprechende Menge frischen Schnees taten ihre Wirkung. Zumindest aus dem Flugzeug würde man kaum mehr etwas sehen könne. Das alles geschah rasch und routiniert, denn er brannte darauf, die Wölfin zu verfolgen. Er hasste es, wenn ihm etwas entkam, auf das er bereits geschossen hatte.

Die Blutspur wurde dünner und dünner, bis sie schließlich ganz abbrach. Anscheinend hatte sich eine Kruste auf den Wunden gebildet. Trotzdem wirkten sich die Verletzungen und der Blutverlust merklich auf ihr Tempo aus. Seltsam war nur, dass die Wölfin ohne innezuhalten und scheinbar so schnell, wie sie noch zu laufen vermochte, weiterhin auf die kleine Bergkette zuhielt, die bereits seit einer ganzen Weile ihr Ziel zu sein schien. Er hatte erwartet, dass sie – wie fast alle anderen Tiere in dieser Situation – nach einer Weile, in der sie sich in Sicherheit glaubte, stehen bleiben und sich niederlegen würde, um sich auszuruhen und ihre Wunden zu lecken. Er hatte mehrere Stellen gefunden, an denen die Wölfin kurz gelegen haben musste, aber nur, weil sie im Laufen eingeknickt und gestürzt war. Dieses Verhalten war ihm neu.

Seine Bewunderung für ihre Ausdauer stieg mit jeder Minute, die er – das Gewehr im Anschlag und sorgfältig spähend – der immer unregelmäßigeren und torkelnderen Fährte folgte. Die Wunden schienen ob der Bewegung immer wieder aufzubrechen, denn Abdrücke mit Blut wechselten sich mit solchen ohne ab.

Der Schnee lag hier tiefer, und es kostete ihn erhebliche Anstrengungen, sein Tempo beizubehalten. Als er schließlich erschöpft inne hielt und sich umsah, bemerkte er, dass er praktisch unmittelbar vor der kleinen Bergkette stand. Das hieß, sie hatten etwa 15 Meilen zurück gelegt, ohne dass ihm dies bewusst geworden war. Diese Tatsache versetzte ihn in schieres Erstaunen. Er hatte eigentlich erwartet, bereits nach kurzer Zeit den Revolver für den Gnadenschuss ziehen zu können. Anscheinend hatte er sie doch nicht so schwer verletzt, wie er angenommen hatte. Oder es gab etwas, das er nicht kannte, das aber dieses entkräftete und verletzte Tier mit unbändigem Willen immer weiter voran trieb.

Die Tatsache, dass die Spur mehr und mehr in ein Kriechen überging, gab ihm mehr Kraft. Sie musste bereits viel Blut verloren haben. Es konnte nicht mehr allzu weit sein.

In der Tat endete die Fährte schon kurze Zeit später – im Eingang einer kleinen Felshöhle, in die die Wölfin gelaufen war. Er stieß seine schlimmsten Verwünschungen aus, während er die Höhle vorsichtig umschritt. Wenn sie sich dort hinein zum Sterben zurück gezogen hatte, war die ganze Mühe umsonst, das kostbare Fell verloren. Wenn es doch wenigstens eine Erdhöhle gewesen wäre, da hätte er sie vielleicht noch ausgraben können. Aber der harte Granit ließ solche Gedanken erst gar nicht aufkommen, und zum Hineinkriechen würde sich die Höhle aufgrund des bereits sehr engen Eingangs sicherlich auch nur sehr bedingt eignen. Ganz zu schweigen davon, dass er keine Lust hatte, Kopf voran in die Reichweite ihrer Zähne zu kriechen...

Er wartete fast drei Stunden, ehe seine Geduld endgültig aufgebraucht war. Dann lehnte er das Gewehr an einen Baum, wühlte die starke Stablampe aus seinem Rucksack, zog seinen Revolver und näherte sich vorsichtig dem Eingang der Höhle. Zur Sicherheit feuerte er aus einiger Entfernung drei Schüsse in verschiedene Richtungen hinein. Damit – so war er sich sicher – hatte er einem eventuellen Überraschungsangriff einer vielleicht knapp hinter dem Eingang lauernden Wölfin ein rasches Ende bereitet. Doch kein Laut war zu hören, noch nicht einmal ein Querschläger oder ein wenig Gesteinsstaub drangen aus der dunklen Öffnung. Vermutlich lag sie bereits verendet irgendwo im engeren Teil der Höhle. Hoffentlich nicht allzu tief...

Er schaltete die Lampe ein und wagte sich langsam näher an den Eingang. Als er seltsame Geräusche hörte, verdoppelte er seine Vorsicht. Millimeter um Millimeter schob er sich – Lampe in der linken, Revolver in der rechten Hand – weiter hinein, stets darauf gefasst, plötzlich angegriffen zu werden. Angeschossen waren diese Bestien noch weitaus bösartiger, und er war hier alles andere als in seinem Element. Es war weitaus gefährlicher als ihm lieb war, aber er *musste* dieses Fell einfach haben. Als Paar waren sie noch einmal so viel wert.

Die Höhle machte einen scharfen Knick und zog sich dabei so weit zu, dass er sich gerade noch würde hindurch zwängen können – wenn er sich geschickt bewegte. Er hörte die merkwürdigen Geräusche jetzt ganz deutlich, und sie kamen eindeutig aus dem hinter dem Knick verborgenen Teil des Ganges. Es klang wie ein mehrstimmiges, leises Winseln und heftiges Atmen. Am liebsten hätte er zuerst geschossen und dann nachgesehen, aber es war äußerst unklug, in dieser Situation abzudrücken, ohne die Gewissheit zu haben, dass die umher fliegende Kugel auch ihr Ziel finden würde.

Es kostete ihn etliche Zeit und eine Menge Überwindung, bis er es wagte. Aufs Äußerste gespannt, lenkte er Revolverlauf, Lichtkegel und Blick langsam um die Biegung.

Der befürchtete Angriff blieb aus, statt dessen bot sich ihm ein Anblick, der ihn in eine Mischung aus Verblüffung, Erleichterung, Freude und Bewunderung versetzte.

Zurückgezogen in die hinterste Ecke einer kleinen Ausstülpung, die gleichzeitig das Ende der Höhle bildete, stand die Wölfin mit gesträubten Nackenhaaren und knurrte ihn drohend an. Besser gesagt: sie versuchte zu stehen und zu knurren. Denn ihr mit Blut bedeckter, zitternder und schwankender Körper, den sie offenbar mit letzter Kraft in diese Position zwang, ließ dies eher verzweifelt denn bedrohlich aussehen. Sie sah nicht so aus, als ob sie noch in der Lage wäre, die kurze

Entfernung zu ihm zurückzugelegen – was ihn sehr erleichterte. Wahrscheinlich war sie auch so geblendet, dass sie noch nicht einmal wusste, wo er genau war.

Der Grund für seine Verblüffung und seine Freude war aber ein anderer: Um die zittrigen Läufe der Wölfin, unter ihrem Bauch und hinter ihr drängten sich drei magere Junge! Er vermochte ihr Alter nicht zu schätzen, denn er war noch nie zuvor auf eine Wölfin mit Jungen gestoßen, geschweige denn, dass er schon einmal einen so jungen Wolf erlegt hatte. Aus dem Zustand der Zitzen ihrer Mutter schloss er aber, dass sie zumindest bereits entwöhnt sein mussten. Alle hatten ein Fell derselben einmaligen Färbung und Qualität wie das, was er bereits im Rucksack verstaut hatte, und alle waren zumindest schon groß genug, um diese beiden Trophäen hervorragend zu ergänzen.

Er hatte zwar noch nie einen Jungwolf abgezogen, aber dies schien eine einmalige Gelegenheit dazu zu sein. Außerdem würde sich seine Prämie damit mehr als verdoppeln; von der drohenden Gefahr, die von diesem Raubzeug ausgehen würde, wenn sie einmal groß wären, ganz zu schweigen. Ohne ihre Mutter würden sie ohnehin nicht überleben; da war es besser, sie gleich zu töten.

Aber zuerst galt es, die Wölfin auszuschalten. Da sie ihm ihr Gesicht zugewandt hatte, visierte er den Punkt zwischen ihren Augen an. Diesmal würde sie ihm nicht mehr entkommen, diesmal nicht. Ihm war zwar nicht ganz wohl dabei, in dieser engen Höhle zu schießen, aber es musste einfach gut gehen, nur dieses eine Mal, die Jungen würde er vielleicht auch so greifen können. Er suchte den Druckpunkt und ...

Nichts geschah.

Der Finger, der sonst ruhig durchzog, ohne den Lauf auch nur geringfügig aus seiner Richtung abzulenken, rührte sich keinen einzigen Millimeter. Während er über die Zielvorrichtung des Revolvers in die bereits getrübten Augen der Wölfin sah, verharrte sein Zeigefinger dort eine volle Minute... zwei Minuten... drei... – kein Schuss. Nur das schwache, erstickte Knurren der Wölfin und das leise Winseln der Jungen waren zu hören, die sich eng bei ihren Beinen hielten.

Endlich löste er sich aus seiner Erstarrung, wandte sich ab von diesem Blick, den er nicht länger ertragen konnte, und atmete tief durch. Fassungslos betrachtete er seinen Zeigefinger, dann wanderte sein Blick zwischen der Wölfin, den Jungen und dem Revolver hin und her.

Er... er konnte es einfach nicht! *Es ging einfach nicht...*

Er wusste nicht, weshalb er nicht abgedrückt hatte. Er wusste nur, dass er nicht hätte abdrücken *können.* Irgend etwas hatte ihn daran gehindert, etwas, das sich seinem Willen scheinbar entzog, sich aber gleichzeitig mit unbändiger Vehemenz gegen seine Entscheidung auflehnte, den rechten Zeigefinger zu krümmen. Seine Fassungslosigkeit steigerte sich in Entsetzen. Aber nicht Entsetzen darüber, dass er – ER – nicht hatte abdrücken können und wie einige dieser idiotischen Anfänger beim ersten richtigen Schuss zu einer Salzsäure erstarrt war. Nein, es war vielmehr Entsetzen angesichts einer Frage, die sich nun, einer Kugel gleich, in *sein* Gehirn bohrte:

Hatte er das *wirklich* tun wollen?

Der Blick der Wölfin lastete schwerer und schwerer auf ihm, während er sich behutsam aus der Höhle zurück zog und den Rucksack ergriff. Der Revolver rutschte aus seiner Hand und fiel in den Schnee, doch er bemerkte es nicht einmal. Wie in Trance stapfte er durch den Schnee, dem fernen Treffpunkt entgegen.

Er reagierte noch nicht einmal auf das waghalsige Manöver, mit dem der Pilot den holprigen Start bereicherte.

„Hey, Sie sehen ja so geknickt aus! Keinen Erfolg gehabt? Wo haben Sie eigentlich ihr Gewehr gelassen?"

Er antwortete nicht.

„Na, Sie hat's ja schwer erwischt. Nun lassen Sie sich mal nicht so hängen, wir können ja morgen wieder raus fliegen und noch mal suchen. Ich bin sicher, Sie kriegen sie bestimmt. Ich habe zwar in der Zwischenzeit noch vier andere hier abgesetzt, die ebenso verrückt nach den Wölfen sind wie Sie, aber ich bin mir sicher, die sind nicht mal halb so gute Jäger. Und wenn es doch nicht klappt: Ich habe heute morgen gehört, dass 70 Meilen nordwestlich von hier ebenfalls ein paar Wölfe aufgetaucht sein sollen, obwohl es hier doch weniger zu fressen gibt. Wenn Sie wollen, können wir morgen auch gleich dorthin fliegen. Das ist nicht viel teurer als..."

Er saß schweigend da und nahm den Redeschwall des Piloten gar nicht wahr. Ein Teil von ihm war noch immer wie betäubt. Doch tief in seinem Inneren erwachte etwas anderes zu neuem Leben, befreite sich langsam aus Unterdrückung und Verbannung, um sich mit bohrenden Fragen wieder in Erinnerung zu bringen.

Erst als die Maschine die kleine Bergkette überflog, löste sich sein schweigendes Starren ins Leere für kurze Zeit. Sich plötzlich über etwas bewusst werdend, griff er in den Rucksack zu seinen Füßen und zerrte das Wolfsfell hervor.

„Mann, Sie haben ja doch Erfolg gehabt! Nur eins? Meine Güte, was für ein Fell!!! Warum haben Sie nichts gesagt und machen statt dessen so ein Gesicht? An Ihrer Stelle... – hey, hey, was tun Sie denn da?!!“

Noch ehe der Pilot eingreifen konnte, hatte er auch schon das Seitenfenster geöffnet und das Fell hinaus geworfen. Der Schub des Propellers erfasste es sofort und ließ es scharf am Leitwerk vorbei in die Tiefe segeln, während er die Scheibe wieder schloss. Einen Moment lang ruhte sein Blick noch auf der Stelle, an der sich die Höhle befand. Dann verschwand die Bergkette aus dem Sichtfeld der Cockpitverglasung.

„Mann, sind Sie wahnsinnig?!! Das Ding hätte glatt am Höhenruder hängen bleiben können!! Und überhaupt: Haben Sie was am Kopf?!! So ein Spitzenfell rauszuwerfen!! Das finden wir niemals wie..."

Der Blick, den er dem Piloten zuwarf, ließ diesen mitten im Satz abbrechen. Er sah ihn noch einen Augenblick an, schüttelte dann den Kopf und konzentrierte sich wieder auf die Instrumente vor ihm. Seine Gedanken waren nicht schwer zu erraten, und er würde sie wohl kaum für sich behalten.

Doch das war ihm gleich, ebenso gleich wie sein Gewehr, das noch immer an dem Stamm vor der Höhle lehnte. Er würde nie wieder eine Waffe anfassen, das hatte er sich geschworen.

Vielleicht würde dort in ein paar Jahren jemand einen 45er und ein rostiges Präzisionsgewehr finden. Später dann, wenn er mit anderen zusammen saß und trank, würde er davon berichten. Man würde sich kurz anschauen und noch einmal die Geschichte von dem völlig durchgedrehten Kerl zum Besten geben, der stumm vor sich hinstarrend von einer erfolgreichen Jagd zurück kam, um dann das beste Wolfsfell der letzten Jahre aus dem Flugzeug zu werfen. Vielleicht würde der „ furchtlose Eddy“ zufällig am Tisch sitzen und lachend einwerfen, dass er ihm damals einen Blick zugeworfen hatte, der ihm fast das Blut in den Adern gefrieren ließ – ausgerechnet *ihm*, dem ein plötzlicher Fallwind ebenso wenig ausmacht, wie eine Landung in einer engen Schlucht voller Geröll. Sie würden sich sicherlich prächtig amüsieren an diesem Abend und den Kerl für verrückt erklären.

Wie sollten sie ihn auch verstehen? Keiner von ihnen war mit ihm in dieser Höhle gewesen...

Sollten sie doch über ihn lachen, es kümmerte ihn nicht, jetzt nicht mehr.

Sein ganzes Denken konzentrierte sich darauf, Antworten zu finden – Antworten auf Fragen, die er sich vorher nie gestellt hatte und die nun anklagend in seinem Kopf herum wirbelten: Warum hatte er das tun wollen? Warum hatte er den Wolf erschossen? Warum den Luchs zuvor?

Warum?

*(Wolf Magazin, Weihnachten 1992)*

# Stormchasers Tod

Von Carsten Corleis

Shiiha war schon seit Stunden von einem unguten Gefühl geplagt worden und daher doppelt so aufmerksam wie sonst. Gerade in dieser Zeit, mit dem kleinen Kalak an ihrer Seite, auf den sie ständig aufpassen musste. Vorsichtig begutachtete sie den Wechsel. Und da, schon ein paar Tage alt, aber immer noch gut zu erkennen, waren sie: die Fährten der Langzähne! Sie zogen einige Dutzend Schritte auf dem alten, bekannten Wechsel ihrer Art dahin. Der Geruch war schon fast verflogen, aber sie nahm immer noch eine beunruhigende Witterung, diesen nassen, leicht beißenden, nach Blut riechenden Duft in sich auf. Auch die Größe der typischen Langzahn-Fährten variierte. Einige waren ein wenig kleiner, ihr Verlauf nicht so zielgerichtet. Immer wieder trennten sich die etwas kleineren Spuren von den größeren, verschwanden hinter Brombeerbüschen und den hohen Tannen, kamen wieder zum Vorschein, schlossen sich den großen wieder an. Sie blickte auf. Kalak sprang hin und her, knabberte an den Blättern der Büsche, untersuchte jeden Baum, drehte seine großen Ohrmuscheln mal in diese, mal in die andere Richtung. Ein Eichhörnchen flitzte eine große Tanne hinauf. Erschrocken beendete Kalak seine kleine Exkursion und war mit einem kräftigen Sprung wieder an Shiihas Seite.

Mit einem kleinen Knuff ihres Äsers maßregelte sie ihn. Er war kräftig und zeigte schnelle Reaktionen. Aber ein Eichhörnchen war keine Gefahr.

Andere Lebewesen in den Wäldern waren viel bedrohlicher. Wieder sicherte sie einmal rundum, senkte erneut ihren Kopf den alten Langzahn-Spuren zu und der kleine Kalak folgte ihr, schnüffelte interessiert an den halbverfallenen Spuren im Waldboden...

... und sprang erschrocken zurück, rempelte seine Mutter an, fiel fast von seinen überlangen Beinen und suchte wieder Schutz bei ihr. Etwas hatte ihn an dem Geruch der neuen, ihm unbekannten Spuren erschreckt. Unbekannt, bedrohlich und gefährlich rochen sie und auch die gespannte Aufmerksamkeit seiner Mutter ängstigte das kleine Hirschkalb nun. Es hing mit diesen dunklen Fährten zusammen, was seine Mutter, und nun auch ihn, so unruhig machte. Auch die Langzähne hatten nun Junge. Die kleinen Trittsiegel bewiesen es Shiiha. Auch die Feinde ihrer Art zogen nun ihre Kälber groß. Doch diesen Kälbern wurden keine saftigen Wiesen gezeigt, nicht die weiche, schmackhafte

Rinde der jungen Bäume und die zarten Blättertriebe der Büsche waren ihre Nahrung. Sie suchten nun ebenfalls Futter für ihre Jungen, und das Futter für die halbstarken Langzähne konnte, wenn sie nicht aufpasste, schnell ihr kleiner, lebensfroher Kalak werden!

Weiter folgte sie dem Wechsel, bewegte sich zielsicher den nun langsam steiler werdenden Abhang ins Tal hinab. Kalak drängte sich nun schutzsuchend an ihre Seite, hatte seine Exkursion abgebrochen. Auch er war nun alarmiert, wusste noch nicht so genau warum, aber die gespannte Haltung seiner Mutter ließ ihn nun auch vorsichtiger sein. Als sie die Lichtung erreicht hatten, drückte sie ihr Kalb in eine kleine Mulde hinter einem Busch. Kalak wehrte sich nicht dagegen, auch wenn ihn seine Mutter nun für kurze Zeit verlassen würde. Aufmerksam überblickte sie die große Lichtung, prüfte den Wind und die Bewegung der Grashalme, observierte den dichten Wald am anderen Ende der Freifläche. Dann trat sie ein paar Schritte aus der Deckung, blickte nun auch nach links und rechts, sicherte erneut. Zu viel stand nun auf dem Spiel. Die Luft roch sauber und die Grasfläche zeigte keine Anzeichen von Gefahr. Nun trat sie weiter vor, knabberte ein wenig am saftigen Gras, begutachtete erneut die Waldränder, befand den Platz jetzt endlich für sicher und stieß einen kurzen, leisen Fieplaut aus. Wie ein Pfeil von der Sehne schnellte Kalak aus seinem Versteck, übersprang den kleinen Busch, hinter dem er gelegen hatte und war mit einigen kurzen Sätzen wieder an der Seite seiner Mutter. Die Luft war von Insekten erfüllt, die in der Sonne über dem hohen, saftigen Gras tanzten. Ein paar hundert Meter weiter plätscherte der große Fluss in seinem breiten Bett. Eine leichte Brise strich durch die hohen Tannen und raschelte im Laubwerk der knorrigen Eichen, ein Eichelhäher schrie und Kalak sprang auf seinen überlangen Beinen hinter einem Schmetterling her. Friedlich grasend verscheuchte Shiiha hin und wieder eine dicke, blutgierige Bremse, die sich in ihrem Fell niederließ, beobachtete weiterhin aufmerksam ihr kleines Hirschkalb und behielt vor allem den Waldrand im Auge. Dies war ein guter Weideplatz mit fetten, saftigen und energiereichen Gräsern und Kräutern, doch der Wind stand heute nicht sehr günstig, kam vom Fluss her und wehte sanft in Richtung Wald, so dass sie besonders aufmerksam sein musste, denn die Langzähne hatten nur ein paar Kilometer weiter flussabwärts ihr Revier. Für den kleinen Kalak gab es auf der saftigen Weide neben Futter noch weit mehr zu entdecken. Wenn er erwachsen wäre, würde er den Großteil des Tages mit Futtersuche, Äsen und Wiederkäuen verbringen, doch noch wurde er in erster Linie von seiner Mutter gesäugt und die Gräser und Kräuter, zu denen ihn Shiiha geführt hatte, dienten mehr dazu, ihn an die neuartige Kost zu gewöhnen. So fand er Zeit, seinem kindlichen Entdeckungsdrang freien Lauf zu lassen und sich weniger um ernsthafte Nahrungsaufnahme als vielmehr ums Spielen und Herumtollen zu kümmern.

Nun hatte sich Kalak mehr dem Waldrand genährt, wo das Gras höher, dicker und holziger war. Er knabberte an den Halmen, doch dieses harte, saure Gras schmeckte ihm nicht besonders. Aber das Äsen war ja Nebensache. Viel schöner war, dass er nun gar nicht mehr über das hohe Gras hinweg sehen konnte. Er sprang hoch, erhaschte einen Blick über die weite Fläche der Lichtung und fiel zurück in sein Grasversteck. Nochmals sprang er ab, bekam kurz seine Mutter ins Blickfeld und tauchte gleich darauf wieder ab.

Da hörte er ein kurzes Rascheln. Überrascht verharrte Kalak und drehte seine großen Ohrmuscheln in die Richtung des Geräusches. Nochmals knisterte das Gras leise. Nur wenige Schritte von ihm entfernt. Seine Mutter konnte es nicht sein, denn die befand sich ein ganzes Stück weit oberhalb seiner Position. Was also war dort im Gras versteckt? Fast gegen seinen Willen siegte die Neugier über die angeborene Vorsicht, und er stakste ein, zwei Schritte auf die Raschelquelle zu. Einerseits fürchtete er sich, andererseits wollte er nun unbedingt wissen, was sich dort verbarg.

Gelb!

Das war sein erster Eindruck. Ein glitzerndes, tiefes Gelb.

Augen! Gelbe Augen!

Wie angewurzelt blieb er stehen, hatte nun die Geräuschquelle entdeckt. Sein kleines, aber starkes Herz pochte wie ein Gewitter in seiner Brust. Blitzschnell verarbeitete er die neuen Eindrücke. Er kannte die dunklen Augen seiner Mutter und auch die ebenfalls tiefbraunen Augen seines Vaters, des starken Platzhirsches Kalani. Aber diese Augen waren anders. Kleiner, mit runden, stechenden Pupillen, und sie saßen nicht seitwärts am Kopf, sondern starrten ihn direkt an. Beide gleichzeitig in seine Richtung. Dieses Wesen hatte beide Augen vorn im Kopf. Und der Geruch, der ihm nun entgegenschlug! Der Geruch seiner Mutter und der anderen Hirsche, nach Moos, Gras, Schweiß und Pflanzen, war ihm bekannt. Aber der Geruch dieses Geschöpfes war fremdartig, stechend, faulig und sehr bedrohlich. Es war der bedrohliche Geruch der Fährte im Wald, der ihn und seine Mutter auf dem Weg zur Lichtung so beunruhigt hatte. Es roch nach Tod!

Ein Langzahn!

Es war Kalaks erste Begegnung mit einem Langzahn. Aber er wusste einfach, dass es einer war. Sein Instinkt sagte es ihm. Und sein Instinkt schrie ihm nun auch zu: „Lauf! Lauf um dein Leben! Rette dich! Warne deine Mutter und alle anderen Tiere des Waldes!“

Kalak schrie. Er stieg auf die Hinterbeine und seine Hufe wirbelten, ebenfalls durch uralte Instinkte gesteuert, zur Verteidigung. Dann endlich schaffte er den Absprung, Hetzte durch das Gras, das eben noch ein Spielzeug war, ihn aber nun von seiner Mutter trennte. Die scharfen, trockenen Halme peitschten sein dünnes, weiches Fell. Schweiß trat ihm aus allen Poren seines kleinen Körpers – und endlich antwortete seine Mutter.

Stormchaser war überrascht. Wie es ihm seine Mutter Canis beigebracht hatte, lag er still in seiner Lauerposition, wartete auf das Zeichen der Jagd. Ruhe und Berechnung, wenn es für einen jungen Wolf auch schwer zu ertragen war, waren die wichtigsten Grundregeln auf der Jagd. Das war die Lehre seiner Mutter, und er hatte sich auch daran gehalten. Schließlich wollten sie die Hirschkuh mit ihrem Kalb überrumpeln. Das Hirschkalb war das Ziel. Auf seiner Position wartend, hatte er es aus den Augen verloren, der Wind hatte sich gedreht, wehte nun seitwärts von ihm weg Richtung Wald, trug seinen Geruch zwar nicht auf die Lichtung, aber auch die nahe Witterung des Kalbes wurde jäh unterbrochen. Und immer noch harrte er aus. Wartete gespannt auf eine Besserung der Lage, auf ein erneutes Drehen des Windes. Canis und Wildsong, die alte unterwürfige Wölfin, wollten das Hirschkalb in ihre Richtung treiben. Links und rechts von ihm lauerten die anderen drei Jungwölfe, Blackmoon, Goldeneye und Fasthowl, im hohen Gras und bildeten so einen Halbkreis, in dem der Junghirsch überrascht werden sollte. Doch nun hatte der kleine Hirsch ihn überrascht!

Plötzlich hatte sich das Gras geteilt, und das Kalb stand direkt vor ihm. Total überrumpelt war er einige Sekunden nicht fähig, eine Entscheidung zu treffen, aber auch das Kalb starrte nur ebenso überrascht mit dunklen Augen zurück. Und das Hirschkälbchen durchbrach als erstes diese seltsame Lähmung. Es stieg auf, seine kleinen Hufe wirbelten direkt vor Stormchasers Nase herum, mit einer halben Drehung auf den Hinterhufen sprang es seitlich ab und verschwand hinter der hohen Gräserwand. Nun schüttelte auch Stormchaser seine merkwürdige Blockierung ab und sprang Kalak mit einem leisen wütenden Knurren hinterher.

Kalak rannte. Er rannte, wie er nie zuvor in seinem Leben gerannt war. Hinter ihm raschelte, nein, peitschte das Gras kurz auf und sein Jahrmillionen alter Instinkt sagte ihm, dass der Langzahn nun ebenfalls abgesprungen war. Wie zur Bestätigung vernahm er ein leises, kehliges Knurren. Er lief. Seine Beine gehorchten nun einem anderen Willen, nicht mehr seinem. Solch eine Geschwindigkeit hatte er vorher noch nie erreicht. Aber diese andere Kraft, die nun seine Flucht lenkte, war gut. Vorher war er schon bei weit geringerem Lauftempo immer über seine eigenen, überlangen und untrainierten Läufe gestolpert und hatte sich oft über sein Unvermögen und seine eigenen, viel zu lang erscheinenden Beine geärgert. Nun dämmerte ihm, warum sie so lang gewachsen waren.

Stormchasers Geschwister hatten von seinem Absprung noch nichts mitbekommen und lauschten weiter auf ihren Positionen. Nur Fasthowl, etwa 20 Meter von Stormchasers Lauerstellung entfernt, vernahm durch die Winddrehung in seine Richtung Stormchasers ungeplante und verfrühte Begegnung mit dem Hirschkalb, wusste aber nicht, was sich dort abspielte. Sprang er nun los, konnte es sein, dass er durch sein Verhalten die Jagd missglücken ließ. Blieb er an seinem Platz, war es allerdings ebenso möglich, dass er durch sein Verharren die genau geplante Jagdabfolge zerstörte. Für lange Überlegungen war aber keine Zeit. Kurz entschlossen sprang er ab, flog in einem weiten Bogen über das Gräsermeer der Lichtung und sah etwa 40 Meter vor sich den kleinen Hirsch über die Lichtung hetzen und stieß einen kurzen, jaulenden Bellton aus: das Signal für den Jagdbeginn, das er von seiner Mutter gelernt hatte.

Es war nun ganz und gar nicht seine Aufgabe, als unerfahrener „ Halbstarker" den Jagdbeginn zu verkünden. Aber was hätte er tun sollen? Offensichtlich waren Stormchaser und er die einzigen beiden Jagdteilnehmer, die die unplanmäßige Wendung der Lage mitbekommen hatten.

Auch Shiiha rannte. Als sie den verzweifelten Ruf Kalaks vernahm, wurde die Welt um sie herum unwichtig. Es gab nur noch sie, ihren Sohn Kalak und eine Bedrohung seines jungen Lebens. Ein Luchs? Ein Bär? Ein Mensch? Die Langzähne? Sie wusste es nicht, aber das war auch nicht wichtig. Sie musste ihm helfen! Ihn möglicherweise unter dem Einsatz ihres eigenen Lebens retten! Ihr Mutterinstinkt war stark. Ebenso stark wie der von Canis gegenüber ihren Welpen. Jeder Hirsch wäre lieber einmal zu viel davongelaufen als einmal zu wenig. Flucht vor Raubfeinden war die stärkste Waffe der Hirsche. Aber das galt nicht für Hirschkühe, die ein Kalb hatten!

Ein Schwall heißer, übelriechender Luft wehte um Kalaks Nüstern. Der Schatten seines Jägers war neben ihm, sprang ihn mit weit offenem Fang an. Kalak sah die langen Dolche im Maul des Langzahns aufblitzen, die sich im nächsten Augenblick um seinen Hals legten. Er stolperte und mit einem gnadenlosen Ruck brachte ihn der Langzahn zu Fall. Er versuchte Luft zu holen, doch die gierigen Hauer seines Feindes drückten mit mörderischer Kraft seine Kehle zu.

Shiiha sah, wie ihr kleiner Kalak auf sie zugerannt kam. Mit einem Sprung verließ er den Bereich des hochgewachsenen Grases am Waldrand. Wie war er dahin gekommen? Sie hatte nicht sorgfältig genug auf ihn aufgepasst. Dies war der gefährlichste Bereich der Lichtung, der Lauervorposten der Langzähne und anderer Räuber. Und wie zur Bestätigung ihrer Befürchtungen folgte ein grauer Langzahn ihrem Kalb, erreichte es und sprang es an, bohrte seine Zähne in Kalaks Hals, riss ihn um und drückte seine Beute mit seinem Körper zu Boden. Die Beine Kalaks schlugen hilflos in der Luft, während der Langzahn gnadenlos das Leben aus ihrem Sohn herausdrückte.

Shiiha verdoppelte ihre Anstrengungen und war nun nicht mehr die scheue, sanftäugige Hirschkuh, sondern eine Rachegöttin, die Verteidigerin ihres hilflosen Nachwuchses, für die die Gefährdung ihres eigenen Lebens nicht mehr wichtig war. Dann erreichte sie endlich ihren Sohn, stieg auf die Hinterbeine, ihre Hufe trafen den Langzahn direkt am Kopf, und aufjaulend ließ die Bestie von Kalak ab. Wieder und wieder trat sie zu. Der benommene Langzahn rollte über den Boden, krümmte sich, und Shiihas Tritte nagelten auf seinen Körper. Befriedigt hörte sie das hässliche Geräusch brechender Rippen. Nochmals trat sie mit voller Wucht nach dem wimmernden Langzahn: Für Kalak, ihren Sohn, für Sehlani, ihr Kalb, das den grauen Mördern auf dieser Lichtung vor zwei Wintern zum Opfer gefallen war. Und auch für Elkarra, den Platzhirsch, den die stinkenden Teufel im Winter in den Sumpf getrieben und bei lebendigem Leibe ausgeweidet hatten. Jedes Jaulen und Wimmern der sich windenden grauen Kreatur unter ihr war eine Befriedigung für Shiiha, eine Heimzahlung für Elkarras verzweifelte Todesschreie, die sie damals mit anhören musste. Die Rippen des Langzahns krachten genauso schrecklich wie damals Sehlanis dünne Wirbelsäule unter den Hauern ihrer Mörder. Mit beiden Hufen hieb sie nach dem spitzen, hässlichen Schädel des Räubers. Es krachte und Blut spritzte ins grüne Gras, klatschte auf Shiihas Läufe.

Endlich begann ihr Zorn nachzulassen. Der Langzahn rührte sich nicht mehr. Sie schnaubte, blickte sich nach Kalak um, der wieder zitternd auf die Beine gekommen war, stupste ihn an, leckte kurz seine glücklicherweise nicht sehr schlimme Halswunde. Sie war gerade noch rechtzeitig gekommen; ein oder zwei Sekunden später, und der Langzahn hätte ihrem Kalb die Kehle zerquetscht. Erstaunlich schnell schüttelte das Hirschkalb den Schock ab, wusste instinktiv, was es tun musste und lief vor seiner Mutter, so schnell sein kleiner, ausgepumpter Körper es zuließ, in den Schutz der Bäume. Shiiha deckte seinen Rückzug. Denn wo ein Langzahn war, waren mit Sicherheit auch noch weitere.

Kurz vorher hörte Fasthowl einen spitzen Angstschrei. Ausgestoßen von dem kleinen Hirschkalb, ein dunkles, triumphierendes Knurren, wieder ein kurzer Schrei des Kälbchens, der mit einem Gurgeln abgewürgt wurde. Dann folgte ein dumpfer Aufprall, den er sogar als Bodenvibration in seinen Laufsohlen bemerkte. Ein weiterer Schrei ertönte. Dunkler und kräftiger. Der Wutschrei eines erwachsenen Hirsches. Er befand sich immer noch in der Zone des hohen Grases und rannte weiter. Ein schmerzvolles Jaulen durchdrang das Gras: Stormchaser! Nochmals jaulte sein Bruder auf, dumpfe Schläge folgten in rascher Folge. Dann Ruhe. Kurze Zeit später wieder dumpfes Hufgetrommel, und als er endlich die Lichtung erreichte und freies Blickfeld bekam, sah er eine Hirschkuh mit einem Kalb in gewaltigen Sätzen im Wald verschwinden.

Auf der Lichtung lag ein graues Fellbündel.

Stormchaser!

Fasthowls erster Gedanke war: „Alleine hat er es nicht geschafft, und nun liegt er abgehetzt im Gras. Wartet auf die anderen."

Langsam näherte er sich seinem liegenden Bruder und ihm dämmerte, dass etwas mit ihm nicht in Ordnung war. Wenn er wirklich abgehetzt war, müsste er hecheln. Und außerdem lag Stormchaser so merkwürdig auf dem Boden, verkrümmt, regelrecht „verwunden". Sein ansonsten glattes, glänzendes Fell war zerrupft, stumpf, und es roch nach Blut. Und es war kein Hirschblut!

Es war sein eigenes Blut! Stormchaser lag in seinem Blut und bewegte sich nicht mehr. Fasthowl stupste ihn an. Der Körper seines Bruder war schlaff. Kein Muskel regte sich unter seinem Fell. Dicke blaue und grüne Fliegen fingen an, ihn zu umsurren. Setzten sich auf seine offenen und stumpfen Augen, ohne dass Stormchaser sie vertrieb oder zumindest blinzelte.

Warum stand er nicht auf? Er verhielt sich so merkwürdig. Er rührte sich überhaupt nicht. Kein Atem, kein leises Muskelzucken. Sein Kopf war voll Blut und seine Stirn seltsam eingedrückt. Auch seine Flanke war sonderbar verformt. Er war... Er war... Fasthowl dachte nach, und ein schreckliches Bild kristallisierte sich vor seinem inneren Auge: Er sah sich selber, wie er seine Zähne um den Hals des Hirschkälbchens legte, das ihnen ihre Mutter vor – wie es ihm nun schien – so unendlich langer Zeit mitgebracht hatte. Er sah noch einmal das Hirschkalb zucken und zappeln... und dann in seinem Würgegriff erschlaffen. Stormchaser zeigte nun die gleichen leeren Augen wie damals der kleine Hirsch. Fasthowl traf die Erkenntnis wie ein Huftritt. Seine Beine gaben nach und mit hängender Rute und einem leisen Wimmern legte er sich neben seinen Bruder, stupste ihn erneut an, leckte vorsichtig seine Schnauze, als ob er das Geschehene damit wieder rückgängig machen könnte. Aber es war zu spät: Er würde nie wieder laufen, mit seinen Geschwistern herumtollen, sein helles, klagendes Heulen ertönen lassen. Stormchaser war durch das „Große Licht" gegangen. Er war tot!

Erst als Blackmoon ihn von der Seite anstupste, erwachte Fasthowl aus seinen Gedanken. Die Annäherung seiner Geschwister war ihm nicht aufgefallen. Auch Windsong, das alte, untergebene Weibchen, das so oft für die Welpen als „Babysitter" da war und diese Aufgabe auch noch als ihre Pflicht ansah, als die Welpen längst keine Welpen mehr waren, trat mit hängenden Schultern heran und stupste Stormchasers toten Körper mit der Schnauze.

Canis kannte viele Formen des Todes und ihr Sohn Stormchaser war auf die ehrenvollste und höchste Art zu Tode gekommen: auf der Jagd nach Beute, um das Überleben des Rudels zu sichern. Er hatte seinem Namen und seiner Familie alle Ehre gemacht, und obwohl Canis schon viele ihrer Welpen und Familienmitglieder hatte sterben sehen, erfasste sie nun doch wieder die Leere, die sie schon so oft – zu oft – erfüllt hatte. Sie blickte hinauf zum „Großen Licht", durch das Stormchasers „Wesen" nun gegangen war. Die Öffnung der „Welt-Höhle" durch die sie alle einmal gehen mussten. Kein Lebewesen, das die „Welt-Höhle" durch das „Große Licht" einmal verlassen hatte, konnte zurückkehren. Dort war das Reich ihrer Ahnen.

Stormchaser war von der „Ewigen Wölfin", die die Mutter aller Wölfe war, in ihr Reich geholt worden. Denn diese Welt war nur eine Welpenhöhle, und das „Große Licht“ der Ausgang in die „Unendliche Erstreckung“, wo Stormchaser nun als „Himmelswolf“ weiter lebte und durch den Sternenraum jagte.

Trotzdem spendete ihr auch dieses uralte Wissen nur wenig Trost, und sie wimmerte leise. Als Rudelmutter durfte Canis unter normalen Umständen keine Schwäche gegenüber den rangniederen Familienmitgliedern zeigen, wollte sie ihre Position nicht vorzeitig verlieren; doch der Tod eines Mitgliedes der Rudeldynastie begrub für die Zeit der Trauer alle Rangstreitigkeiten.

Wieder hob sie den Kopf und intonierte den alten Klagegesang des Rudels, den sie zuletzt im sturmgepeitschten Winter nach Sunrays Ende angestimmt hatte. Nachdem Canis nach etwa einer halben Minute den Eröffnungspart beendete, fiel Windsong in die zweite Strophe ein, und auch Fasthowl bemerkte erst jetzt, dass er die alte, klagende Melodie kannte und folgte ihr, ebenso wie seine Geschwister, mit seiner kräftigen, schnellen Stimme.

Der Gesang erzählte vom „Großen Licht“ und der „Welt- Höhle“, der „Ewigen Wölfin“, die so grausam und gleichzeitig doch so gut zu ihren Kindern war. Es war die Erzählung von den „Himmelswölfen“, ihren Ahnen, die mit der „Ewigen Wölfin“ zusammen über die Himmelskuppel jagten. Und nach dieser Erzählung, die Fasthowl zwar kannte, aber noch nicht richtig verstand, erklang der dritte und letzte Teil des Liedes. Der Teil, der jedes Mal aufs neue komponiert wurde, der einmalig war und auch nur einmal und nie wieder gesungen werden würde. Es war die Leitstrophe für Stormchaser, die seinem Wesen helfen sollte, sicher durch das „Große Licht“ zur „Ewigen Wölfin“ zu gelangen und ihm auch den Abschied von seinem Rudel erleichtern sollte. Sie erzählte von seinen Taten auf dieser Welt. Von seinem tollkühnen Angriff auf das Hirschkalb, von seinem Kampf mit der Wölfin. Aber auch von seinem glänzenden Fell, seinen wachen Sinnen und seinem kräftigen Heulen. Dieser Part war auch eine Bitte an die „Ewige Wölfin“, Stormchaser in ihrem Reich willkommen zu heißen.

*(Wolf Magazin 3/99)*

## Was weißt du über sie?

Eine Kurzgeschichte von Frank Simon

Irgend etwas in dem wohldurchdachten Gebilde aus Metall, Keramik, Gummi und Kunststoff funktionierte nicht mehr so, wie es sollte. An irgendeiner Stelle der komplizierten Maschinerie lief etwas gründlich schief. Es war nicht zu überhören. Das seltsame, unheimliche Geräusch war plötzlich und ohne Vorwarnung aufgetreten.

„Oh nein!“ dachte sie. „Nicht jetzt! Und vor allem nicht ausgerechnet hier!“

Sie überflog die wenigen Überwachungsinstrumente, die das altmodische Armaturenbrett bot, konnte aber nichts Ungewöhnliches feststellen. Alle Zeiger standen dort, wo sie während der letzten 230 Meilen auch gestanden hatten, und auch keine der eingestaubten Warnlampen war aus ihrem Dämmerschlaf erwacht. Und doch schien der Motor, der bisher klaglos seinen Dienst verrichtet hatte, nun einen Teil seiner nicht unerheblichen Kraft darauf zu verwenden, sich selbst zu zerstören. Das ständig lauter werdende Geräusch ließ daran kaum einen Zweifel. Man konnte es jetzt auch riechen.

„Halt durch! Wenigstens noch ein paar Meilen!“

Sie trat das Gaspedal ein wenig weiter durch, um die abfallende Motorleistung auszugleichen. Doch das Resultat war nur noch mehr Krach und Gestank. Einen kurzen Moment lang war das Kreischen gequälten Metalls zu hören, dann erschütterte ein dumpfer Schlag die gesamte Karosserie. Noch ehe sie sich von dem Schreck erholt hatte, begann der schwere Wagen sich über die blockierenden Vorderräder hinaus aus der Kurve zu schieben. Sie hatte keine Gelegenheit mehr zum Gegenlenken – es hätte auch nichts genutzt. Unerbittlich verschwanden die letzten Meter des schneebedeckten Forstweges unter der dampfenden Motorhaube. Die Zeit schien sich zu dehnen, als der Wagen einen kleinen Schneewall durchbrach und sich dem steil abfallenden Hang dahinter zuneigte. Sie schaffte es gerade noch, einen Schrei des Entsetzens auszustoßen und die Arme vor dem Gesicht zu verschränken, bevor ein mächtiger Stamm die herabstürzende Masse angerosteten Blechs abrupt zum Stehen brachte.

Das erste, was sie spürte, war schneidende Kälte. Und die Schmerzen. Als sie die Augen öffnete, fiel ihr Blick auf eine grotesk anmutende Komposition aus verbogenem Metall, Glassplittern, Schnee, Holz und

Dampf, der irgendwo weiter vorn zischend aus den Überresten des Motors herausströmte.

Noch immer benommen, versuchte sie sich zu erinnern, was eigentlich geschehen war.

Sie hatte ihren Vater besuchen wollen, der abseits jeglicher Zivilisation in einer Art Blockhütte wohnte. Vor fünf Monaten, kurz nach dem Tod ihrer Mutter, hatte er sie mit dem Plan überrascht, der Großstadt den Rücken zu kehren und in irgend einem abgelegenen Teil des Landes ein – wie er sagte – „natürliches" Leben zu führen. Er hatte seinen Job gekündigt und war in den Norden gefahren, wo er ein kleines Stück Land gekauft und die Hütte gebaut hatte, in der er seither lebte. Allein, denn es war ihr nicht im Traum eingefallen, diesen Schwachsinn mitzumachen. Sie wollte auf den Komfort ihrer Apartmentwohnung ebenso wenig verzichten wie auf das Stadtleben.

Ihr liefen bereits bei dem Gedanken an diese unbarmherzige Wildnis Schauer über den Rücken. Und doch hatte sie sich einen Wagen gemietet, um ihn zu besuchen. Seine Briefe klangen in letzter Zeit so seltsam, so verändert, und sie machte sich ernsthafte Sorgen um ihn.

Sie hatte ihn überraschen wollen, um einmal nach dem Rechten zu sehen. Es war nicht schwierig gewesen, dem Plan zu folgen, den er ihr bereits vor einiger Zeit geschickt hatte. Sie hatte die Forststraße problemlos erreicht und auch die kleine Abzweigung in das Gebiet gefunden, das er zu seiner neuen Heimat erkoren hatte. Auf der Landkarte war es nur ein namenloses Stück Wald in den Bergen, weit ab von jeder menschlichen Siedlung. Doch er bezeichnete es in seinen Briefen als „einmalig" und machte seltsame Andeutungen darüber, wie faszinierend es dort sei. Sie hatte bisher nicht die Zeit gefunden und auch nicht die rechte Lust aufgebracht, seine Einladung anzunehmen. Doch diese Veränderung im Wesen ihres Vaters beunruhigte sie. Nach seinem Plan führte ein lange nicht mehr benutzter Forstweg bis auf zwei Meilen an seine Hütte heran. Es waren nur noch rund zehn Meilen bis dorthin gewesen, als es passierte...

Jetzt erinnerte sie sich wieder an das Geräusch, den dumpfen Schlag und das grässliche Gefühl der Hilflosigkeit, während der Wagen von der Straße abkam und den Abhang hinunterstürzte. Sie blickte ihren Körper hinab und versuchte, Arme und Beine zu bewegen. Trotz der heftigen Schmerzen, die die eine oder andere Bewegung verursachte, schien nichts gebrochen zu sein. Ein paar kleine Schnittwunden, etliche Prellungen und ein verstauchter Knöchel – als Krankenschwester hatte sie einen Blick für so etwas. Die niedrige Geschwindigkeit, bedingt durch die Steigung der Straße und den Abfall der Motorleistung, sowie der Gurt hatten wohl das Schlimmste verhindert.

Noch immer dröhnte Dampf aus dem zerstörten Motorraum, und es roch nach Benzin. Sie musste hier raus. Sie hatte im Fernsehen gesehen, dass Autos nach einem Unfall oft explodierten!

Die Tür leistete ihrem Fluchtdrang Widerstand, gab aber nach, als sie sich mit ihrem ganzen Gewicht dagegen warf. Sie fiel in den Schnee und rutschte ein Stück den Hang hinunter. Es war lockerer Neuschnee von strahlendem Weiß, ganz anders als der schmutzigbraune Schneematsch, der Bürgersteige in Rutschbahnen verwandelte. Sie richtete sich mühsam auf und versuchte, auf die Beine zu kommen. Der Schmerz, mit dem ihr linker Knöchel diesen Versuch quittierte, überzeugte sie jedoch rasch davon, dass es im Moment besser war, sitzen zu bleiben.

Für sie war diese Wildnis immer ein Gräuel gewesen – und nun saß sie mittendrin. Doch nicht nur das, es war auch noch empfindlich kalt. Sie hatte keinerlei besondere Vorbereitungen getroffen, als sie sich spontan zu diesem Besuch entschlossen hatte. Die wohlige Wärme des Wagens und die Sicherheit, die er vermittelte, hatten sie nicht eine Sekunde darüber nachdenken lassen, dass sie die ihr vertraute Umgebung der Stadt weit hinter sich gelassen hatte. Hier gab es keine Krankenwagen, keine Telefone und keine Hubschrauber – es gab noch nicht einmal jemanden, den sie um Hilfe bitten konnte. Und der Wagen, allzeit bereites Fortbewegungsmittel und schützende Hülle zugleich, lag zerschmettert ein paar Meter über ihr. Es gab hier nur sie, dieses Wrack, den Wald, den Schnee, die Kälte und...

Ein langgezogenes Heulen unterbrach die Stille – ein klarer, traurig klingender Ton, den der Wind den Hang hinuntertrug.

Sie stutzte. Dieses Geräusch kam ihr bekannt vor. Sie hatte es schon öfters gehört, zuletzt vor ganz kurzer Zeit. Angestrengt lauschte sie in die Stille hinein.

Da war es wieder! Diesmal aus einer anderen Richtung, in einer leichten Variation und auch wesentlich näher, wie es schien. Noch ehe der Ton verklungen war, fiel es ihr siedend heiß ein: Es war einer dieser späten Horrorfilme gewesen, in den sie aus Versehen hineingeraten war. Wie war doch gleich der Titel gewesen... – ach ja: „Von Wölfen gehetzt."

WÖLFE!!! Ja, es war das Heulen von Wölfen!

Panik stieg in ihr auf. Ein hastiger Blick in das Dämmerlicht des Waldes, der überstürzte Versuch, sich aufzurichten, und das verzweifelte Bemühen, wieder in den Wagen zu kommen, während ihr all jenes durch den Kopf schoss, was sie über Wölfe jemals gelesen, gehört oder im Fernsehen gesehen hatte...

Erst, als es ihr endlich gelungen war, die verzogene Tür wieder halbwegs zu schließen, fiel ihr auf, dass sie den Hang hinaufgelaufen und in das Auto gestiegen war, ohne sich irgendwelcher Schmerzen bewusst gewesen zu sein. Auch jetzt tat ihr Knöchel nicht weh, dafür bemerkte sie aber den Schweiß, der ihr Kältegefühl noch verstärkte.

WÖLFE! Sie suchte nach irgendeiner Waffe. Der kleine Feuerlöscher, der sich aus der Halterung gerissen hatte, fiel ihr ins Auge, und sie griff danach. Sie überlegte, ob sie um Hilfe rufen sollte. Aber weit und breit war kein Mensch zu sehen oder zu hören. Der Zustand der Straße hatte auch keinen Zweifel daran gelassen, dass ihre Reifenspuren die ersten seit langer Zeit waren und es wohl auch lange bleiben würden. Die einzigen Ohren, die sie hören würden, waren wohl die Bestien.

Wieder erklang ein Heulen, noch näher diesmal und kürzer. Sie verstärkte ihren Griff um den Metallzylinder des Feuerlöschers und blickte nervös um sich. Der Wagen bot keinen Schutz mehr, jetzt, wo die Windschutzscheibe zerborsten war. Doch er war allemal besser als dort draußen im Schnee zu sitzen oder auf einen Baum zu klettern. Letzteres würde sie sowieso nicht schaffen, und hier hatte sie wenigstens die Illusion der Geborgenheit.

Das Heulen hatte aufgehört. Sie wartete.

In der ersten Stunde lockerte sich ihr Griff um den Löscher mehr und mehr, bis sie ihn schließlich auf den Beifahrersitz legte, um ihre steif gefrorenen Finger zu wärmen. In der zweiten Stunde hatte sie die länger werdenden Schatten der Stämme für ein paar kurze Momente aus den Augen gelassen, um sich in die Decke zu hüllen, die auf der hinteren Sitzbank gelegen hatte. Frierend und von Angst gepeinigt hatte sie das Licht schwinden sehen, und genauso hatte sie auch den größten Teil der Nacht verbracht. Irgendwann musste sie einmal kurz eingeschlafen sein, denn ein Rudel Wölfe hetzte sie in einem nicht enden wollenden Alptraum durch tiefen Schnee, bis sie schließlich hinfiel und sie über ihr waren. Gierige, rote Augen und scharfe, weiße Zähne hatten sich ihr von allen Seiten knurrend genähert, und ein würgender Biss in ihre Kehle hatte ihre Schreie erstickt. Sie war schweißgebadet erwacht und hatte voller Panik nach dem Feuerlöscher gesucht...

Als die ersten Sonnenstrahlen durch den Wald fluteten, stand ihr Entschluss fest. Sie musste versuchen, sich zu dem Blockhaus ihres Vaters durchzuschlagen. Alles andere käme einem Tod durch Verhungern oder Erfrieren gleich, denn niemand würde sie so schnell vermissen, und niemand würde sie gerade hier suchen. Auch ihr Vater nicht. Er wusste ja nicht einmal, dass sie ihn besuchen wollte.

Natürlich könnte sie sich auf die Straße schleppen und dort warten. Aber die Wahrscheinlichkeit, dass jemand innerhalb einer Woche oder gar eines Monats dort entlang fahren würde, erschien ihr nicht sehr hoch. Andererseits waren es 20 Meilen bis zur Abzweigung, und auch die größte Forststraße schien lange Zeit nicht mehr benutzt worden zu sein. Die letzten Reifenspuren waren bereits kurz hinter der Abfahrt nach links abgebogen und danach hatten nur noch ein paar Tiere ihre Abdrücke im Schnee hinterlassen.

Die Blockhütte erschien ihr als die einzige Chance. Entlang der Straße waren es zehn Meilen, dazu noch die zwei bis zur Hütte. Sie studierte die Karte ihres Vaters und schätzte die Entfernung auf dem direkten Weg. Die Kurve, die ihr zum Verhängnis geworden war, war eingezeichnet. Wenngleich sein Hang zu Details ihr oft auf den Wecker gefallen war – in diesem Fall war sie ihm dafür ausgesprochen dankbar. Während der Forstweg in mehreren Serpentinen nur langsam an Höhe gewann, reduzierte sich die Entfernung auf dem direkten Weg den Hang hoch auf vielleicht noch vier oder fünf Meilen. Das waren mit der U- Bahn oder dem Auto ein paar Minuten – aber mit einem verstauchten Knöchel in einem verschneiten, wolfsverseuchten Wald?

Sie versuchte die Panik zu unterdrücken, die ihr bei dem Gedanken an eine Begegnung mit den Wölfen hochstieg. Sie hatte in den vergangenen Stunden alles rekapituliert, was sie über Wölfe wusste – hauptsächlich aus Spielfilmen, Romanen und Märchen – oder was sie jemals über sie gehört hatte. Danach würden sie keine Probleme haben, sie aufzuspüren. Vielleicht wussten sie ja auch schon, dass sie hier war; vielleicht war ihre unfreiwillige Anwesenheit hier auch der Grund für das gestrige Heulen. Sie würden kommen, und sie würden sie finden – früher oder später. Und sie würde gegen sie keine Chance haben...

Sie musste es trotzdem versuchen, eine andere Möglichkeit gab es nicht. Sie nahm ihren ganzen Mut zusammen und öffnete vorsichtig die

Tür. Nichts rührte sich, weder war ein Heulen zu hören, noch eine Bewegung zwischen den Stämmen zu entdecken. Ständig um sich blickend, machte sie sich an die Arbeit.

Es dauerte fast zehn Minuten, bis der – zum Glück nicht verklemmte – Kofferraumdeckel geöffnet, ihre kleine Reisetasche herausgenommen und sie wieder ins Wageninnere zurückgekehrt war. Ihr Knöchel und ihre Furcht forderten ihren Tribut. Außerdem war der Werkzeugkasten, den sie im Kofferraum entdeckt und ebenfalls mitgenommen hatte, ausgesprochen schwer.

Weitere zwanzig Minuten vergingen, bis sie alles angezogen hatte, was in der Reisetasche an Ersatzkleidung war, und den Rest samt der Autodecke zu einer Bandage für ihren Knöchel, wärmenden Fußwickeln, einem Schal und einer Art Kapuze verarbeitet hatte. Sie betrachtete ihre vermummte Gestalt im Rückspiegel und rechnete sich gute Chancen aus, dass die Wölfe entweder vor Schreck die Flucht ergreifen oder sich totlachen würden...

Sie aß und trank das wenige, was noch von der letzten Rast übrig geblieben war, und durchstöberte den Werkzeugkasten nach etwas, das man als Waffe benutzen konnte. Der Feuerlöscher war zu schwer, um ihn den ganzen Weg mitzuschleppen. Sie fand einen langen Radschlüssel, den man durch einen Aufsatz noch verlängern konnte, so dass sich eine schwere Metallstange von etwa einem halben Meter ergab. Sie machte sich aber keine Illusionen darüber, dass man Reifen damit wesentlich besser zu Leibe rücken konnte als Wölfen.

Dann brach sie auf. Auf allen Vieren kriechend folgte sie der Schneise, die der Wagen gerissen hatte. Als sie die Straße erreichte, betrachtete sie nachdenklich ihre Reifenspuren, die plötzlich in kleine Furchen übergingen und schnurgerade die Kurve verließen. Dazwischen hatte Öl Teile des Schnees schwarz gefärbt.

Sie kroch den gegenüberliegenden Hang hoch, sorgsam darauf bedacht, nicht an Ästen hängenzubleiben und nicht die Richtung zu verlieren. Zum Glück flachte sich der Hang mehr und mehr ab. Es war eine mühsame, schmerzvolle Plackerei, aber sie vergaß dabei vor lauter Anstrengung immer öfter, sich prüfend umzuschauen und in die Stille hineinzuhören.

Es mochte vielleicht eine Meile gewesen sein, die sie auf diese Weise hinter sich gebracht hatte, als sie seltsame Laute hörte. Panik überfiel sie, und sie griff hastig nach der Metallstange, während sie sich nach einem irgendwie gearteten Schutz umsah. Noch ehe sie Gelegenheit hatte, einen Baum zu erreichen oder gar zu erklettern, sah sie sie.

WÖLFE!

Sie bewegten sich den Hang hinab, langsam, fast schlendernd. Zuerst sah sie nur einen, groß und dunkel gefärbt, mit hellgelben Augen, die sie ansahen. Dann tauchte ein zweiter hinter einem Stamm auf, ein dritter, ein vierter,,, Sie wartete nicht auf das Erscheinen eines fünften, sondern lief los. Ja, sie lief. Der Schmerz war vergessen und die Richtung egal, irgendwie den Hang hinunter, nur Weg von den Wölfen. Sie stolperte und stürzte, glaubte die Wölfe schon über sich und schlug mit dem Radschlüssel wild um sich. Doch nichts passierte. Kein Knurren, kein Hecheln, kleine blutgierigen Augen, keine blitzenden Zähne...

Atemlos setzte sie sich auf. Sie war allein, von den Wölfen keine Spur. Sollte sie etwa schneller gerannt sein als die Wölfe? Die Metallstange fest umklammert, stieg sie auf einen nahen Baum und wartete auf ihren Angriff. Doch kein Wolf ließ sich blicken. Nur der Schmerz im Knöchel kehrte zurück.

Sie hatte beschlossen, die Nacht in dem Baum zu verbringen. Dazu trug nicht zuletzt der Umstand bei, dass der Wind ihr aus verschiedenen Richtungen wieder dieses unheimliche Heulen zutrug. Es glich einem melancholischen Gesang, einem Chor sich gegenseitig antwortender oder unterstützender Stimmen, die klar und hell durch die Nacht riefen, in fallender Tonlage und sanft ausklingend. Es waren endlose, schlaflose Stunden, doch auch diesmal entkam sie einem Alptraum nicht. Als sie aus ihrem unruhigen Schlaf mit weit aufgerissenen Augen aufwachte, wäre sie fast vom Baum gefallen.

Oh, was war sie wütend auf diese Bestien! Irgendwo hatte sie gelesen, dass einige Wölfe wieder in den Nationalparks aufgetaucht seien. Und dass es sogar Menschen gab, die dies befürworteten und unterstützten. Die sollten jetzt eigentlich an ihrer Stelle hier sitzen! Es hatte schon seine guten Gründe, dass der Wolf fast überall vom Menschen vertrieben oder ausgerottet worden war. Sie hatte schon zwei bewaffnete Banküberfälle überlebt und war einer dieser fast alltäglichen Straßenschießereien nur mit knapper Not entkommen. Aber was war das alles schon gegen dies hier!

Die Wölfe tauchten nicht wieder auf. Dafür wurde es noch kälter, und dunkle Wolken zogen auf. Als ein leichter Schneefall einsetzte, entschloss sie sich, weiterzulaufen. Lieber nahm sie es mit den Wölfen auf, als dass sie hier erfror.

Sie wusste nicht mehr genau, wo sie war. Auch hatte sie wohl fast die Hälfte des bereits zurückgelegten Weges auf der Flucht vor den Wölfen wieder verloren. Doch trotz des dumpfen Schmerzes in ihrem Knöchel kam sie gut voran. Das Gelände wurde flacher und felsiger. Einzelne Felsvorsprünge erhoben sich weit über den Boden, und die Vegetation wurde spärlicher. Die Wölfe blieben verschwunden, und auch ihr Heulen war nicht mehr zu hören.

Es konnte nicht mehr allzu weit sein. Ihre Kräfte ließen nach, doch die vermeintliche Nähe der Blockhütte gab ihr neuen Mut. Sie überlegte, ob sie rufen oder schreien sollte, um ihren Vater auf sich aufmerksam zu machen, der ja irgendwo in der Nähe sein konnte, vermied es aber dann in Hinblick auf die Wölfe.

Schließlich erreichte sie einen Einschnitt im Fels, der nach zwei Seiten offen und zu den verbliebenen Seiten hin durch hohe Vorsprünge abgegrenzt war, die einen guten Ausblick auf die Umgebung boten. Es sah aus wie eine kleine Schlucht und war auch fast so unüberwindlich. Zum Glück verlief ihr Weg entlang der offenen Seiten. Sie hatte gerade die Mitte erreicht, als sie das unangenehme Gefühl befiel, beobachtet zu werden. Sie blieb stehen, wagte aber nicht, sich umzudrehen.

Ihr Ziel vor Augen, hatte sie die Wölfe in den letzten zwei Stunden erfolgreich verdrängt. Jetzt aber schlugen die Wogen der Angst wieder über ihr zusammen. Sie umklammerte die Metallstange und blickte sich um. Nichts - kein Wolf zu sehen. Und doch meinte sie fast spüren zu können, dass sie jemand beobachtete. Sollte etwa...

Sie blickte nach oben – direkt in die Augen eines großen Wolfes. Er stand auf dem Felsvorsprung und schaute sie mit leicht schief gelegtem Kopf an.

„Das war's dann wohl", dachte sie, als sie sich der Situation bewusst wurde und die Panik etwas nachließ. Einige Sekunden lang starrten sie sich gegenseitig an, dann blickte der Wolf überraschend zur Seite. Ihre Erstarrung löste sich ein wenig, und sie hob den Radschlüssel an, um seinen Sprung damit irgendwie abzuwehren. Doch er sprang nicht. Statt dessen erschien ein weiterer Wolf neben ihm, der kurz auf sie hinunterschaute, bevor er sich dem ersten zuwandte. Auch von dem Felsvorsprung der anderen Seite blickten sie Augenpaare an, und drei weitere Wölfe tauchten auf dem Weg auf, den sie gekommen war.

„Jetzt fehlen nur noch welche auf..." – bevor sie den Gedanken zu Ende denken konnte, war ein hager aussehender Wolf hinter dem bizarr geformten Felsblock hervorgetreten, der den Ausgang der kleinen Schlucht stark verengte. Und dieser Wolf kam näher!

Sie suchte nach einem Ausweg, fand aber keinen. Alle Fluchtwege waren abgeschnitten, Schutz oder Zufluchtmöglichkeiten weit und breit nicht zu sehen. Alles in allem blieben ihr in jeder Richtung nur wenige Meter, bis sie entweder auf eine Felswand oder einen Wolf stoßen würde.

Einen Moment lang war sie bereit, der in ihr aufsteigenden Resignation nachzugeben. Doch dann gewann etwas die Oberhand, das sie aus Spielfilmen als den „Mut der Verzweiflung" kannte: der einsame Held völlig chancenlos gegen eine erdrückende Übermacht der Feinde...

Sie stürzte auf den einzelnen Wolf zu, wobei sie aus Leibeskräften schrie und den Radschlüssel schwang. Hatte sie nun erwartet, dass die ganze Meute sich auf sie stürzen und sie zerfleischen würde, so geschah etwas sehr Merkwürdiges: Der Wolf, auf den sie einstürmte, schien ihr zunächst einen verdutzten, dann einen geradezu entsetzten Eindruck zu machen und wich in einem überhastet anmutenden Sprung ihrem Schlag mit dem Radschlüssel aus. Der Schwung des mächtigen Hiebes mit der langen Eisenstange brachte sie jedoch aus dem Gleichgewicht, so dass sie stolperte und fiel – fast auf den Wolf, der noch einmal heftige Anstrengungen unternahm, dem, was da auf ihn zustürzte, auszuweichen.

Als sie sich wieder aufrichtete, den Schraubenschlüssel schlagbereit erhoben, blickte sie in zwölf Augenpaare, die Verwunderung auszudrücken schienen – eines davon nicht einmal einen Meter entfernt. Ihr Schlag kam präzise und wuchtig, traf aber nicht, da der Wolf schnell einen Schritt zurück trat. Und ihre Rückhand machte lediglich eine der wenigen Pflanzen nieder, die hier noch wuchsen. Der Wolf war außer Reichweite.

Sie hielt inne. Einige der Wölfe waren näher gekommen, zwei hatten sogar den Felsvorsprung verlassen. Aber sie nährten sich seltsam zögernd, geradezu vorsichtig und misstrauisch – als ob sie nicht wüssten, was sie von ihr, die doch fraglos eine leichte Beute und sichere Mahlzeit darstellte, halten sollten. Sie war mehr als erstaunt. Perplex wäre das vielleicht richtige Wort. Ob es der Radschlüssel war, der sie in Schach hielt? Oder war das so etwas wie ein Ritual oder ein Einschüchterungsmanöver, das den Widerstand brechen sollte? Warum fielen sie nicht über sie her, wie sie es in Filmen gesehen hatte?

Der hagere Wolf nährte sich schnüffelnd und in sprungbereiter Haltung. Kaum dass er wieder in Reichweite war, holte sie erneut zum Schlag aus. Wieder wich der Wolf geschickt aus. Diesmal aber traf der Radschlüssel so heftig auf einen Stein, dass er ihr aus der Hand gerissen und ein gutes Stück weggeschleudert wurde. Sie sah ihm entsetzt nach.

Sofort waren einige der Wölfe zur Stelle, um ihn ausgiebig zu beriechen. Auch der Wolf direkt vor ihr kam wieder näher, misstrauisch jede Bewegung ihrer Hand verfolgend. Sie schrie und trat nach ihm, und er wich zurück. Das wiederholte sich etliche Male, bis sie einfach zu erschöpft war, um noch größere Gegenwehr zu leisten. Einige der Wölfe, die vorher den Schlüssel untersucht hatten, waren ebenfalls näher gekommen, während andere von den Felsen stiegen. Keuchend sah sie die drei Wölfe an, die jetzt so nahe standen, dass sie begannen, an ihren Schuhen zu schnüffeln. Sie schloss die Augen und wartete auf den ersten Biss...

Als sie sie zwei endlos lange Minuten später wieder öffnete, konnte sie den letzten der Wölfe gerade noch hinter einem Felsblock verschwinden sehen.

Sie saß da und versuchte zu verstehen, was geschehen war. Von irgendwoher drängte sich ihr der Gedanke an einen Schutzengel, der sie bereits den Unfall überleben ließ, in ihr Bewusstsein. Oder war es ein Wunder, eine Vorsehung des Schicksals? Warum lebte sie eigentlich noch??!

Vorsichtig um sich blickend, kroch sie auf den Radschlüssel zu. Das Gefühl des kalten Metalls in ihrer Hand gab ihr wieder ein leichtes Gefühl der Sicherheit. Sie schienen vor dem Ding ja Respekt zu haben. Doch sie musste unbedingt aus dieser Falle raus, bevor die Wölfe wiederkamen.

Sie schlich sich langsam zum Ausgang der Schlucht. Kein Wolf zu sehen. Sie blickte sich noch einmal vorsichtig um, dann rannte sie ungeachtet der Schmerzen über die offene Fläche, die die Felsen von einem dichten Laubwald trennte. Mit dem Rücken an einen Stamm lehnend, hielt sie nach Verfolgern Ausschau. Doch es gab keine. Als sie dann auch noch einen frisch aussehenden Baumstumpf entdeckte, huschte ein Lächeln über ihr Gesicht. Kein Zweifel, hier war erst vor kurzem ein Mensch am Werk gewesen, wahrscheinlich ihr Vater. Sie kramte die Karte heraus und suchte darauf den Wald. Tatsächlich, er war eingezeichnet. Die Blockhütte musste direkt dahinter liegen.

Aber wusste er denn nicht, dass es hier von Wölfen nur so wimmelte? Warum hatte er sie nicht gewarnt, als er sie eingeladen hatte? Oder waren die Wölfe vielleicht erst vor kurzem hier aufgetaucht?

Sie überlegte kurz, ob sie weiterlaufen sollte. Doch die Erschöpfung und die hereinbrechende Dunkelheit hielten sie davon ab. Die Gefahr, sich jetzt noch zu verirren, war einfach zu groß. Zum Glück fand sie einen umgestürzten Baum, dessen Wurzeln zusammen mit der noch daran hängenden Erde eine Art Mulde formten, die nur nach einer Seite offen war. Noch eine Nacht auf einem Baum würde sie nicht überstehen, ganz zu schweigen davon, dass ihr die Kraft zum Klettern fehlte. Und so lutschte sie noch etwas Schnee gegen den nagenden Hunger, legte sich in die Mulde und fiel zum ersten Mal seit dem Unfall in einen tiefen Schlaf.

Das Geräusch schnell ein- und ausgeatmeter Luft ließ sie erwachen. Gegen den hellen Hintergrund des bereits angebrochenen Tages deutlich sichtbar reckte sich ihr etwas entgegen, was einer Hundenase ähnlich sah. Doch es war kein Hund, der da an ihr roch. Sie spürte den warmen Atem des Wolfes in ihrem Gesicht und wurde sich schlagartig bewusst, dass sie nicht mehr alleine war.

Reflexartig schnellte ihr Arm in die Höhe und ließ ihre Faust auf der Nase des Wolfes landen. Noch ehe dieser sich unter Schmerzenslauten zurückziehen konnte, hatte sie auch schon den bereitliegenden Radschlüssel ergriffen. Sich auf den Ellenbogen stützend, schlug sie damit nach dem zweiten Wolf, der ihr Knie berochen hatte und jetzt den Kopf hob. Diesmal traf sie. Der Wolf gab einen erstickten Laut von sich, sprang zur Seite und torkelte benommen zurück zu den andern, die nicht weit entfernt standen.

Es waren fünf. Doch zu ihrer Überraschung machten sie auch jetzt keinerlei Anstalten, sie anzugreifen. Irgendwie hatte sie wieder das Gefühl, lediglich neugierig und misstrauisch beobachtet zu werden. Irgend etwas stimmte hier nicht, warum griffen sie nicht an? Als sie sich aufrichtete und die Metallstange für den nächsten Schlag erhob, erkannte sie den großen Wolf von gestern wieder. Den, der sie von dem Felsvorsprung angesehen hatte. Doch mit seinem unsicheren, torkelnden

Gang und der stark blutenden Kopfwunde sah er jetzt weitaus weniger gefährlich aus. Der erste Wolf gesellte sich zu ihm und begann, seine Wunde zu lecken. Sie sahen noch einmal auf sie zurück, wendeten sich dann ab und liefen langsam in die Richtung der Schlucht, ohne sie eines weiteren Blickes zu würdigen.

Sie sah ihnen nach, froh, wieder überlebt zu haben. Doch irgendwo in ihrem Innern nagte der Zweifel über das, was aus unerklärlichen Gründen nicht passiert war. Und irgendwie beschlich sie ein merkwürdiges Befremden, das sie sich nicht erklären konnte. Mit ihren zusammengebissenen Zähnen und dem zum Schlag erhobenen Arm, dessen Hand fest den Radschlüssel umklammerte, kam sie sich... irgendwie... dumm vor...

Die Aussicht auf ein baldiges Ende dieses Horrortrips trieb sie schließlich weiter. Der Wald lichtete sich und ging in eine mit niedrigen Büschen bewachsene Fläche über, die sie schneller vorankommen ließ. Einmal glaubte sie sich wieder beobachtet. Doch so sehr sie sich auch umsah und lauschte, die Wölfe blieben verschwunden. Sollten sie nur kommen, sie würde es ihnen schon zeigen! Jetzt, wo sie ihnen mehrmals entkommen war, ohne einen Kratzer abbekommen zu haben, und sogar zwei von ihnen verletzt hatte, fühlte sie sich etwas sicherer.

Die aus Baumstämmen errichtete Hütte, die schließlich hinter einem Hügel auftauchte, sah einfach wunderbar aus. Es hätte auch eine windschiefe, zerfallene Ruine sein können – der Rauch, der aus dem kleinen Schornstein quoll, war der schönste Anblick, den sie sich im Moment vorstellen konnte.

Noch ehe sie die grob bearbeitete Tür erreicht hatte, schallte ihr auch schon ein freudig- verwundert- ängstliches „Yvonne!!!“ entgegen. Der Anblick ihres Vaters, der da auf sie zustürzte, war der schönste Anblick, war sogar noch weitaus schöner als der des Rauchs.

„Vater!!“ rief sie mit erschöpfter, aber überglücklicher Stimme.

„Mein Gott, Yvonne, was machst du denn hier? Du siehst ja schlimm aus! Was ist passiert?“

„Später, Vater, später...“

„Meine Güte! Komm erst mal rein und wärm dich! Warte, ich helfe dir!“

Sie stützte sich auf ihn, bemüht, ein wenig zu lächeln.

„Ich freu mich ja so, dass du hier bist!“

„Du glaubst gar nicht, wie ich mich erst freue...“

„Ich habe dir so viel zu erzählen und du doch sicher auch. Pass auf, die Tür. He, was schleppst du denn da für einen Schraubenschlüssel mit dir herum?“

„Später – bitte...!“

„Okay, okay, stell dich hier neben den Ofen. Du musst erst mal aus den nassen Sachen raus.“

Irgendwo, nicht weit entfernt, heulte ein Wolf.

Sie erstarrte, entspannte sich aber sofort wieder. Jetzt war sie in Sicherheit, der Alptraum war vorbei. Sie musste ihm unbedingt erzählen, in welcher gefährlichen Gegend er hier lebte. Dass überall diese Bestien herumliefen, und dass sie sie fast getötet hätten. Dreimal hatten sie es ja versucht. „Wieso hat er eigentlich kein Gewehr?“ dachte sie, als sie ihren Blick über die kärgliche Einrichtung des Zimmers schweifen ließ. Wusste er doch nichts von ihnen?

Der Wolf heulte wieder, und diesmal stimmten andere mit ein.

„Ahhhh, hörst du das? Hörst du, wie sie heulen? Wundervoll, nicht wahr? Es klingt ein wenig traurig, aber wunderschön. Ich muss dir meine Freunde unbedingt einmal vorstellen, wenn du wieder bei Kräften bist! Du als Stadtmensch hast doch bestimmt noch keinen richtigen Wolf gesehen. Kein Wunder, wo man sie praktisch überall ausgerottet hat. Doch hier, hier gibt es noch welche, und ich habe bereits eine Menge von ihnen lernen können. Übermorgen können wir ja einmal zu der kleinen Schlucht hinter dem Wald gehen, wo sie ihre Jungen aufziehen. Das musst du gesehen haben!“

Er wandte sich dem Ofen zu und legte ein paar Holzscheite nach.

„Du glaubst ja gar nicht, was man den Wölfen alles nachsagt. Jeder glaubt, er wüsste über sie Bescheid. Dass sie blutgierige Bestien sind, Menschen verfolgen und töten oder gar in Werwölfe verwandeln, ganze Herden im Blutrausch niedermachen oder Wildtiere ausrotten und was weiß ich noch alles. Welche Ignoranz! Neulich kam sogar einer mit `nem Hubschrauber hier an und fragte, ob ich Wölfe gesehen hätte. Er würde mir 100 Dollar für jeden zahlen. Am liebsten hätte ich dem verdammten Kerl sein Gewehr um den Hals gewickelt!“

Das Feuer loderte hell. Er schloss die Ofentür und blickte sich um. Sie stand noch immer regungslos da.

„So, jetzt zieh erst einmal die nassen Sachen aus. Du siehst total durchfroren aus. Dabei sind es doch bloß zwei Meilen von der Stadt bis hier rauf.“

Das Heulen erreichte seinen Höhepunkt, wurde leiser und hörte schließlich auf. Zurück blieb eine fast völlige Stille, nur das Feuer knisterte noch leise vor sich hin. Sie hatte bis jetzt geschwiegen, doch nun war es wohl an der Zeit, etwas zu sagen.

„Vater, ich...“

„Du hast mir bestimmt viel zu erzählen, aber du musst dich unbedingt erst einmal aufwärmen, sonst wirst du noch krank. Ich mache in der Zwischenzeit was zu essen. Meine Güte, deine Sachen sehen vielleicht aus... Übrigens, warum legst du nicht endlich diesen komischen Schraubenschlüssel beiseite? Wozu hast du den überhaupt mitgenommen?“

Sie sah den Radschlüssel an, den sie immer noch umklammert hielt, und wusste es irgendwie selbst nicht mehr. In ihrem Kopf rasten die Gedanken wild durcheinander. Es war wohl ein bisschen viel auf einmal gewesen. Doch da war noch etwas anderes: Sie kam sich so dumm vor, so unendlich dumm...

Sie musste an den Wolf denken, der sich blutend und torkelnd zurückgezogen hatte. Er hatte sie nicht einmal angeknurrt...

Und an den Jäger, von dem ihr Vater sprach. Das, was man dem Wolf nachsagte – traf das in vielen Fällen nicht eher auf den Menschen zu?

Sie begann plötzlich zu verstehen, warum sie sich so dumm vorkam. Sie war einem Zerrbild zum Opfer gefallen, ohne dass sie es bemerkt hatte. Und der Wolf war nun zu ihrem Opfer geworden.

Es bestürzte sie und machte sie wütend – furchtbar wütend. Wie hatte es nur so weit kommen können? Wie viele Wölfe waren bereits zu Opfern geworden, nur weil andere ähnlich reagiert hatten?

Dagegen musste etwas getan werden. Sie würde ihnen erzählen, wie Wölfe wirklich waren – den Politikern, Drehbuchautoren, Schriftstellern, Märchenerzählern, Nachbarn, Freunden, Verwandten und allen, die es hören wollten. Doch wollten sie es überhaupt hören? Würden sie ihr überhaupt glauben?

Ihre Hand öffnete sich und ließ den Radschlüssel krachend zu Boden fallen.

Sie würde ihr Bestes geben. Das war sie diesem Wolf einfach schuldig. Und sicherlich gab es noch andere, die das Gleiche versuchten. Einen hatte sie schon gefunden...

„Vater?"

Er sah auf und blickte in ihre Augen. Der Tonfall ihrer Stimme sagte ihm, dass es um etwas Ernstes gehen musste, etwas, das ihr sehr am Herzen lag...

„Ja?"

„Die Wölfe... Was weißt du über sie?"

*(Wolf Magazin 3/98)*

## Der Wolfstraum

Von Daniela Zwicknagl

Er rannte, rutschte, stolperte durch den finsteren Wald. Nebel stand zwischen den Bäumen. Überall leuchteten Tieraugen aus dem Dunkel, beobachteten ihn, belauerten ihn. Sein Atem ging stoßweise. Gehetzt sah er sich um. Verfolgten sie ihn? Da – eine Bewegung direkt vor ihm. Abrupt blieb er stehen. Da stand der Wolf. Er schien ihm riesig. Ein großer, dunkler Schatten. Plötzlich waren der Nebel und die glühenden Augen verschwunden. Er konnte den Wolf jetzt genau sehen, jedes einzelne Haar an ihm. Er riss das Gewehr hoch und zögerte einen winzigen Augenblick. Der Wolf stand nur da und sah ihn an. Ihre Augen trafen sich, und einen Moment war ihm, als wären sie eins...

Thomas Reed schreckte auf. Sein Herz raste. Verwirrt sah er sich um. Er atmete erleichtert auf, er war zu Hause in seinem Bett. Er wendete leicht seinen Kopf und sah, dass seine Frau neben ihm lag, in tiefem Schlaf. Langsam ließ er sich in sein Kissen zurücksinken. Immer wieder dieser Traum. Irgend etwas jagte ihn durch den Wald und immer traf er diesen Wolf. Immer genau denselben Wolf, und immer sahen sie sich an, er, Thomas, mit dem Gewehr im Anschlag, und der große graue Wolf. Immer wachte er genau in dem Augenblick auf, in dem er seinen Zeigefinger krümmte, um zu schießen. Etwas beunruhigte ihn in diesem Traum, löste tiefes Unbehagen aus, ja ängstigte ihn fast, aber er konnte es nicht benennen. Diese Augen, wie sie ihn ansahen, als wollte ihm der Wolf etwas sagen, aber er verstand ihn nicht.

Seufzend drehte er sich auf die Seite. Er wusste, an Schlaf war nicht mehr zu denken. Dieser Traum ließ ihn nicht mehr los. Er würde am Morgen wieder völlig gerädert und übernächtigt aufstehen und den ganzen Tag an diesen Wolf denken.

„Na, Thomas, wie war dein Wochenende? Wieder mal im Wald rumgeschlichen und einen fetten Sonntagsbraten geschossen?“

Thomas brummte nur als Antwort. Er war müde und schlecht gelaunt. Die offensichtlich blendende Laune seines Kollegen und Freundes James McDonough ging ihm heute auf die Nerven.

„Oh, wir sind nicht gut drauf heute?“ James ließ sich lächelnd in einen Stuhl fallen. „Da hab ich was für dich, das wird dich gleich aufmuntern. Ich hab am Wochenende gehört, dass sie ein paar Leute zusammentrommeln. Irgendwo im Norden soll eine Wolfsjagd organisiert werden. Die nehmen da überhand, und ein paar sind zum Abschuss freigegeben."

„Wölfe?" Thomas sah James direkt in die Augen, plötzlich hellwach. „Wölfe?" wiederholte er noch einmal fragend.

„Wusste ich doch, dass dich das interessiert, alter Junge!" James lehnte sich zurück und genoss die gespannte Erwartung seines Gegenübers.

„Was für Wölfe? Wo?"

James lachte. „Hier, ich hab dir alles aufgeschrieben. Ich weiß doch, dass du dem nicht widerstehen kannst! Eine Jagd auf Wölfe, das ist schon was!" Er reichte Thomas einen Zettel über den Schreibtisch.

Thomas erfasste leichtes Unbehagen, während er das Gekritzel las. Stumm starrte er auf das Papier in seiner Hand. Ausgerechnet Wölfe!

„Du kannst ja ruhig anrufen", unterbrach James seine Gedanken. „ Ich habe meinem Bekannten schon gesagt, dass er mit dir rechnen kann."

Thomas sagte immer noch nichts und starrte weiter auf den Zettel.

„Schon gut, du brauchst dich nicht zu bedanken, das habe ich doch gerne gemacht." James wuchtete sich hoch und ging achselzuckend aus dem Zimmer.

Als die Tür hinter ihm ins Schloss fiel, schreckte Thomas auf. „Ja, ja, danke James", murmelte er in Richtung der geschlossenen Tür.

Konnte es solche Zufälle geben? Sein Unbehagen verstärkte sich. Dieser Traum und jetzt das. Was hatte das zu bedeuten? Er beschloss, der Sache auf den Grund zu gehen und griff zum Telefonhörer.

Thomas Reed überprüfte noch einmal seine Jagdausrüstung. Es war ein strahlend schöner Wintertag. In den intensiv blauen Himmel ragten die mit Reif überzogenen Äste der Bäume. Der unberührte Schnee glitzerte in der Sonne wie tausend Diamanten.

Routiniert schulterte er seine Ausrüstung und das Futteral mit seinem Gewehr. Er blickte sich um, sah die anderen Jäger, spürte ihr

Jagdfieber fast körperlich und fühlte sich ausgeschlossen. Was war nur los mit ihm? Er war erfüllt von einem Gefühl, das er nicht näher bestimmen wollte. Eine dunkle Vorahnung überschattete alles. Normalerweise würde auch er diese wunderbare Aufregung spüren, dieses warme Kribbeln, das einer Jagd immer vorausging. Es war wie ein Besinnen auf Urinstinkte. Da gab es nur den Jäger, die weite, unberührte Natur und die Kreatur. Dieses erregende Gefühl, wenn man das Wild verfolgte, es schließlich aufspürte, wenn man einen Moment lang Herr über Leben und Tod war, sich mächtig fühlte und überlegen. Dieser köstliche Augenblick, wo man anlegte und zielte und wusste, man würde als Sieger aus diesem Kampf hervorgehen. Ja, das war es, ein Triumphgefühl, dass man stärker war, gewitzter, schlauer, der Natur überlegen. Warum stellte sich dieses oft so genossene Gefühl heute nicht ein? Warum hatte er dieses unaussprechliche, dieses... diese Angst. Ja, das war es, Angst. Er wusste, dass heute etwas passieren würde. Er sah plötzlich glasklar, dass sein Traum heute seine Erfüllung finden würde, und er hatte eine Heidenangst davor. Wenn er nur wüsste, was ihn so an diesem Traum beunruhigte, wenn er nur diesen Schleier zerreißen könnte, der, wie der Nebel in seinem Traum, die Lösung dieses Rätsels verbarg.

Der scharfe Pfiff von einem Jäger riss ihn aus seinen düsteren Vorahnungen. Aufbruch! Sie hatten einen dreistündigen Marsch zu der Blockhütte vor sich, die für die nächsten Tage ihr Basislager sein sollte. Mitten in der Wildnis, in der Höhle des Löwen, wie ein anderer Jäger scherzhaft bemerkt hatte, mitten in dem Gebiet, in dem sich ein Wolfsrudel aufhalten sollte. Er hatte das ungute Gefühl, etwas Falsches zu tun. Und dann sein Traum, er ließ ihn nicht mehr los. Seine inneren Alarmglocken läuteten, aber irgend etwas drängte ihn dazu, alle Bedenken über Bord zu werfen. Aber war es wirklich richtig, was er hier tat? Woher kamen diese Zweifel? Er hatte noch nie darüber nachgedacht, ob es richtig war, ein Tier zu erschießen. Warum jetzt? Was war an diesem Wolf aus seinem Traum so anders, dass er gerade jetzt an der Jagd zweifelte? An diesem letzten großen Abenteuer, wo ein Mann sich noch als Mann fühlen durfte, wo man längst vergessen geglaubte Instinkte ausleben durfte. Das war ehrlich und direkt. Mann gegen Kreatur, ohne Tricks, ohne Schlichen. Der Stärkere überlebte. So war die Natur. Und außerdem, das Tier hatte eine faire Chance zu entkommen oder sich zu wehren. Vor drei Jahren in Afrika, wie war es da? Der Löwe hatte ihn fast erwischt; hatte sich einfach ins Gebüsch geduckt und auf ihn gewartet, die Bestie. Das war verdammt knapp gewesen.

Doch egal wie er es drehte und wendete, wie sehr er sich einzureden versuchte, dass es schließlich nur ein Traum war, er konnte die Zweifel und die Angst nicht beiseite wischen.

Thomas Reed hatte sich von den anderen Jägern getrennt und lief durch den Wald. Es wurde langsam dunkel, und die Schatten wurden länger und tiefer. Ein langgezogenes, unheimliches Heulen schickte ihm eisige Schauer über den Rücken. Vorsichtig bewegte er sich vorwärts. Und dann sah er ihn. Ein Wolf! Der Wolf stand ganz ruhig da und sah ihn an, seine Ohren aufmerksam auf ihn gerichtet. Thomas riss sein Gewehr hoch. Der Wolf rührte sich nicht. Er stand nur da und sah ihn an, verfolgte jede Bewegung. Thomas zielte, als er seitlich etwas wahrnahm. Als er den Kopf in die Richtung der Bewegung drehte, sah er einen zweiten Wolf. Ruckartig richtete er das Gewehr auf diesen Wolf. Dann sah er plötzlich einen dritten und vierten, einen fünften und sechsten Wolf. Kalter Schweiß perlte auf seiner Stirn. Blitzartig rechnete er sich aus, wie viele Wölfe er töten könnte, bevor sie ihn erwischten. Langsam ließ er das Gewehr sinken. Er hatte keine Chance. Sie waren zu nah. Er beschloss, einen Rückzug zu versuchen. Vorsichtig tastete er sich Schritt für Schritt zurück. Die Wölfe bewegten sich nicht. Als er so einige Meter zwischen sich und sie gebracht hatte, drehte er sich um und rannte los. Er rutschte, stolperte durch den finsteren, verschneiten Wald. Sein Atem ging stoßweise. Gehetzt sah er sich um. Verfolgten sie ihn? Wo waren die anderen Jäger? Warum half ihm denn niemand? Er wollte nicht sterben, in diesem Wald, zerfleischt von einer Horde blutgieriger Wölfe. Nein, nicht jetzt, nicht heute, nicht so! Da – eine Bewegung vor ihm. Abrupt blieb er stehen. Da stand der Wolf. Sein Wolf! Thomas war unfähig, sich zu bewegen. Todesangst lähmte ihn. Das einzige Geräusch war sein schneller Atem. Das Gewehr rutschte aus seiner Hand und fiel zu Boden. Es war aus.

Sie starrten sich an, Jäger und Gejagter. Ihre Augen trafen sich und einen Moment lang waren sie eins. Der Wolf drehte sich um und verschwand lautlos im Dunkel – und Thomas Reed verstand.

*(Wolf Magazin 1/97)*

## Ein ganz besonderer Wald

Von Frank Simon

Die Schlagzeile war kaum zu übersehen: *Wolf jagte Spaziergänger: „Er kam genau auf mich zu!“*. In großen, fetten Lettern prangte sie von Tausenden von Kiosk-Wänden, Zeitungsregalen und Drehständern im ganzen Land. Selbst unter den Titelblättern der übrigen Boulevardzeitungen stach sie noch hervor, denn die durchdringenden Augen des Wolfes, dessen Bild man daneben platziert hatte, schienen einen grimmig anzustarren.

Sie verkaufte sich gut; für einen Tag, an dem es nicht viel zu berichten gab, sogar außergewöhnlich gut. Das einfache Rezept war wieder einmal aufgegangen.

Bald schon kannten unzählige Menschen die Geschichte des Paul H., 58, der auf seinem gestrigen Spaziergang durch den Wald etwas gesehen hatte, das ihn in Angst und Schrecken versetzte. Ein großer, schwarzer Wolf sei es gewesen, der da hinter einer Biegung aufgetaucht sei. Er habe ihn angestarrt und sei dann in ein Gebüsch am Wegrand gesprungen, sicherlich, um sich durch das Unterholz anzuschleichen. Als er sich von seinem Schrecken erholt habe, sei er deswegen auch sofort weggelaufen und ihm gerade noch einmal entkommen.

Ja, man habe einen Mann schreiend aus dem Wald rennen sehen, bestätigt ein anderer Spaziergänger, und ein älteres Ehepaar meint noch, etwas im Unterholz rascheln gehört zu haben.

Der örtliche Förster hält es durchaus für möglich, dass es ein Wolf gewesen sein könnte. Zwar sei der letzte hier schon vor über hundert Jahren geschossen worden, und viele Leute würden in ihrer Panik einen wildernden Hund mit einem Wolf verwechseln, aber man habe ja bereits in den Nachbarländern die Erfahrung gemacht, dass Wölfe sich nicht an Grenzen hielten. Und im Osten gebe es ja schließlich noch einige Wölfe. Vielleicht stamme das Tier aber auch wieder aus einem Zirkus oder irgend einer privaten Haltung, so wie der Panther, den man erst vor kurzem zur Strecke gebracht habe.

Ein kurzer Steckbrief über Wölfe rundete den zweigeteilten Artikel ab.

Man sprach darüber. In den Büros, den Cafés, auf der Straße oder im Plausch mit den Nachbarn. Ganz besonders in der Nähe des kleinen Waldes, in dem Paul H. spazieren zu gehen pflegte. Manche nahmen die Sache nicht sehr ernst, andere wiederum machten sich große Sorgen um ihre Kinder und verboten ihnen, draußen zu spielen. Die Jäger und Förster streiften vermehrt durch ihre Reviere, allzeit wachsam und schussbereit, und die Polizei hatte ihre liebe Not, die unzähligen verängstigten Anrufer zu beruhigen und die vielen Vorschläge und Hilfsangebote dankend abzulehnen. So manche Wolfsgeschichte machte ihre Runde, und in einigen Fällen schlossen sich kleine Gruppen mit Gewehren und Pistolen zusammen, um den Wolf zur Strecke zu bringen. Doch weder im Rundfunk noch im Fernsehen wurde darüber berichtet, und auch die seriösen Zeitungen brachten keine einzige Zeile zu dem Vorfall.

So ging der Freitag vorüber, und obwohl manche des Nachts in die Stille hinein lauschten, ob denn nicht das Heulen eines Wolfes zu hören wäre, deutete nichts darauf hin, dass hier nach über einem Jahrhundert wieder ein Wolf durch die Gegend streifen könnte.

Die Samstagsausgabe der Boulevardzeitung schwieg sich zum Thema Wolf aus, und auch die Sonntagsblätter wussten nichts darüber zu berichten.

Doch am frühen Montag schmückte wieder das Bild eines Wolfes eine Titelseite: *Förster: „Ich sah den Wolf!“*, lautete diesmal die Schlagzeile. Dem folgte, neben dem Bild eines stämmigen Mannes, der irgendwohin deutete, sowie einigen wenigen zusammenfassenden Zeilen, ein längerer Artikel auf der letzten Seite. Hans M., 41, von Beruf Förster, habe den Wolf gesehen, nicht weit von der Stelle, an dem Paul H. ihn entdeckt hatte. Es sei ein großes Tier mit dunklem Fell, wahrscheinlich ein Einzelgänger. Er sei direkt vor ihm über die Lichtung gelaufen, als er auf seinem Hochsitz Ausschau gehalten habe. Leider habe er nicht mehr schießen können und dann auch seine Spur verloren. Daran schlossen sich noch einige Aussagen von vermeintlichen Augenzeugen und verschiedenen Fachleuten an, ergänzt durch eine Reihe von Zitaten besorgter Anwohner. Das Spektrum reichte von „Ich traue mich schon gar nicht mehr aus dem Haus...“ bis zu „Man sollte ihn sofort abschießen, bevor noch etwas passiert!“.

Diesmal fanden sich auch in vielen anderen Blättern Artikel über den Wolf. Schlagzeilen wie: *Die Wölfe sind wieder da!* kontrastierten mit schlichten Überschriften wie: *Wolf gesichtet!*, furchteinflößende Archivfotos mit nüchternen Hintergrundinformationen und ausgedehnte

Artikel mit Kurzmeldungen. Am Abend konnte man dann im Fernsehen eine Reihe von Interviews sowie Bilder von den beiden Schauplätzen sehen. Auch die obligatorischen Aussagen der Anwohner und der besorgten Bürger fehlten nicht. In einer der Sendungen kam dann sogar jemand zu Wort, der die Anwesenheit des Wolfes ausdrücklich begrüßte. Einige Kanäle beschränkten sich aber lediglich auf eine Kurzmeldung in der Rubrik „Inland" oder „Verschiedenes".

Während der nächsten Tage wollten immer mehr Menschen den Wolf entdeckt haben. Die Berichte kamen von überall her, selbst Hunderte von Kilometern entfernt schwor ein Jogger, den schwarzen Wolf gesehen zu haben. Menschen mit Gewehren begaben sich ebenso auf die Suche wie solche mit Fotoapparaten, Ferngläsern, Videokameras oder der schlichten Hoffnung, einmal einen lebendigen Wolf in Freiheit zu sehen.

Mittlerweile war auch eine breite Diskussion in Gang gekommen, und man stritt sich öffentlich und privat, vehement und zurückhaltend, verängstigt oder erfreut um das Für und Wider von Wölfen in einer dicht besiedelten Gegend, die sich ihrer schon vor langer Zeit entledigt hatte. Man stellte verschiedene Theorien auf, woher er wohl gekommen sein konnte und wohin er gehen würde.

Es wurden Stimmen laut, die die Zusammenstellung einer Einsatztruppe aus Polizei, Jägern, Förstern und Experten forderten, um den Wolf unverzüglich zur Strecke zu bringen. Schließlich stellte er ja eine erhebliche Gefahr für die öffentliche Sicherheit dar. Andere wollten erfahrene Wolfsjäger aus dem Ausland einfliegen lassen. Manch einer machte Vorschläge, wie man den Wolf fangen oder betäuben könnte, um ihn an einen Zoo zu übergeben oder ins Ausland zu fliegen. Man verwies auf das Tier- und Artenschutzgesetz, zeigte sich besorgt wegen der Menschen in den betroffenen Gebieten, appellierte an die Bevölkerung, Ruhe zu bewahren, oder versuchte darzulegen, dass der Wolf keine blutgierige Bestie sei und keine Menschen angreifen würde. Einige wenige Stimmen brachten auch ihre Freude über die Rückkehr der Wölfe zum Ausdruck und forderten dazu auf, ihnen endlich ihren angestammten Platz in diesem Lebensraum wieder zuzugestehen.

Selbst ernannte wie tatsächliche Experten meldeten sich zu Wort, verschiedene Organisationen und Vereine, beunruhigte und verängstigte Bürger, Beamte und Behörden. Schafhirten und Bauern forderten Ersatz für Tiere, die der Wolf gerissen haben sollte, Anwohner beschwerten sich über die vielen Menschen, die durch den Wald trampelten, und so mancher herumstreunende, große, schwarze Hund hatte alle Mühe, einer Kugel oder Schrotladung zu entkommen, mit der jemand dem verhassten Wolf den Garaus bzw. sich selbst berühmt machen wollte.

Immer neue Artikel und Statements gingen durch die Medien – blutrünstige, sachliche, hoffnungsvolle, erstaunte, entsetzte, freudige und fragende. Während die meisten eindeutig gegen den Wolf Stellung bezogen oder seine Anwesenheit und Existenzberechtigung dort zumindest in Frage stellten, gab es auch eine kleine Minderheit von Menschen, die der Diskussion mit Hoffnung und Bangen folgte und sich für den Wolf einsetzte. Forderungen wurden laut, man möge ihn doch in Ruhe lassen oder in einen der Nationalparks übersiedeln. Die Diskussion wogte hin und her, doch schien sich die öffentliche Meinung ganz allmählich von vielfältigen Klischees und scheinbar uralten Ängsten hin zu mehr Sachlichkeit und Akzeptanz zu verlagern.

Der Wolf hingegen blieb verschollen. Seine Spur verlor sich in einem diffusen Wust zweifelhafter Meldungen. Manche behaupteten, sie hätten ihn erlegt, konnten aber den Beweis dazu nicht antreten. Andernorts munkelte man, er wäre überfahren worden oder gar verhungert, und nicht wenige hofften, er möge wieder dorthin zurück gegangen sein, von wo er gekommen war.

Bald waren es die Medien müde, den vielen Anrufen und Hinweisen nachzugehen, und auch die Leser und Zuschauer wurden des Themas allmählich überdrüssig. Die Diskussionen schliefen ein, andere Nachrichten drängten sich in den Vordergrund und ließen den Wolf nach und nach in Vergessenheit geraten. Bald gaben es auch die letzten auf, ihm aufzulauern oder ihn herbei locken zu wollen, und die Förster und Jäger gingen wieder zur Routine über.

Der Winter war hereingebrochen, und der erste Schnee sowie das damit verbundene Verkehrschaos sorgten für zahlreiche neue Schlagzeilen.

An einem klaren, kalten Abend – mehr als zwei Monate waren seit dem Tag vergangen, an dem Paul H. den Wolf entdeckt hatte – nutzte ein junges Paar die letzten Strahlen der untergehenden Sonne zu einem Spaziergang durch die weitläufigen Mischwälder, die ihr Heimatdorf umgaben. Ihre Schritte knirschten im Schnee, während sie Hand in Hand einem kleinen, verschlungenen Pfad folgten.

Plötzlich blieb die Frau stehen.

„Da! Sieh doch!"

Der Mann blickte in die Richtung, in die sie deutete. Auf einem Kamm, nicht einmal hundert Meter entfernt, zeichnete sich die Silhouette eines großen Wolfes gegen das Zwielicht des Abendhimmels ab. Er musste sie bemerkt haben, denn er rannte mit einer unbeschreiblichen Eleganz und Behändigkeit einen tief verschneiten Hang hinauf, der in den dichten Laubwald darüber führte. Kurz bevor er das schützende Unterholz erreichte, blieb er stehen, um sich noch einmal nach ihnen umzuschauen.

So, wie er dort stand und auf sie hinunter sah, bot er einen faszinierenden Anblick. Der Schnee, der sich entlang seines Rückens auf das dunkle Fell gelegt hatte, gab ihm den verwegenen Ausdruck eines Ausgestoßenen, der jedem Wind und Wetter trotzte und sich mit viel Geschick, Instinkt und weiser Voraussicht dem Zugriff seiner Verfolger immer wieder entzog. Er mochte vielleicht nicht wissen, dass eine Kugel schneller war als er, doch er schien zu spüren, dass er sich vor Menschen verborgen halten musste. Mit einem schnellen Sprung verschwand er im Gestrüpp.

„Viel Glück", sagte die Frau leise, immer noch die Stelle betrachtend, an der sie ihn zuletzt gesehen hatte, „du wirst es brauchen..."

„Und pass gut auf dich auf!", fügte der Mann hinzu.

Sie sahen einander an und lächelten.

„Jetzt haben wir beide ein Geheimnis", sagte die Frau. „Wirst du es hüten?"

„Wie meinen Augapfel", antwortete der Mann. „Ich möchte ihn ebenso gerne wiedersehen wie du."

Dann drehten sie sich um und gingen zurück durch den Wald, von dem sie nun wussten, dass es ein ganz besonderer Wald war – einer, in dem es wieder Wölfe gab...

*(Wolf Magazin, Sommer 1993)*

# (Über-) Lebenskünstler

## Kojoten haben sich uns angepasst, nun müssen wir uns ihnen anpassen

Von Elli H. Radinger

Es ist überzeugend dokumentiert worden, dass während der letzten Jahrhunderte menschliche Aktivitäten einen bemerkenswerten Einfluss auf viele andere Organismen gehabt haben. Die Konsequenzen zu identifizieren und zu beklagen – zum Beispiel wie wir verschiedene Spezies vernichtet oder gefährdet haben -, ist eine der Hauptaufgaben der Umweltbewegung. Weniger beachtet wird dagegen die Tatsache, dass wir auch verantwortlich für Wiederaufleben und Verstärkung und Verbreitung einiger Spezies sind. Dies sind die Tiere, denen es, gemessen an Zahlen, Reproduktionsraten und Verbreitungsgebieten, heute besser geht als jemals zuvor in der Vergangenheit.

Experten zählen hierzu u.a. Alligatoren, Waschbären, Kojoten, Truthähne, Dachse, Silbermöwen und andere. Diesen Tierarten ist gemein, dass sie wiederaufleben, weil sie von Menschen geschützt wurden, ihre Ressourcen verstärkt oder ihre Lebensgebiete vergrößert worden sind. Das beste Beispiel hierfür ist der Kojote. Seit einem Jahrhundert haben Menschen ihr Bestes getan, um ihn in manchen Gebieten auszulöschen und in anderen zu dezimieren. Trotz und – ironischerweise – gerade wegen dieser Bemühungen gelten Kojoten (Canis latrans) inzwischen als die Tierart, die sich am meisten erholt hat und am stärksten anwächst. Diese Tiere besitzen eine einzigartige Widerstandsfähigkeit, die, betrachtet man ihr Leben und ihre Geschichte, gar nicht so ungewöhnlich ist, wie es zuerst erscheinen mag.

Kojoten gehören – ebenso wie die Indianer – zu den Ureinwohnern Amerikas. Fossilienfunde haben ergeben, dass ein Verwandter des heutigen Kojoten bereits vor zwei bis drei Millionen Jahren gelebt hat. Vermutlich stammt er von einer Gruppe kleiner Kaniden ab, die einst weltweit verbreitet waren und von denen auch die Schakale von Eurasien und Afrika abstammen. Vor etwa ein bis zwei Millionen Jahren gab es in Nordamerika eine Teilung zwischen Wolf und Kojoten. Während die Jahrtausende vorüberzogen und mit ihnen der Mammut und der Säbelzahntiger, während das Pferd den Kontinent eroberte, blieben Kojoten immer dieselben – evolutionär ausgedrückt primitive Formen, jedoch erstaunlich flexibel, immer progressiv und innovativ -, sich den Veränderungen anpassend und sie nutzend.

Oft werden Kojoten als „Generalisten“ bezeichnet. Dies hat hauptsächlich damit zu tun, wie und was sie essen. Als echte Opportunisten sind sie sowohl Raubtier als auch Aasfresser. Es gibt nichts, was sie nicht mögen. Farmer in Kalifornien berichten von Kojoten, die sich über ihre Ernte hermachten und Äpfel, Birnen, Pfirsiche, Mais oder Zwiebeln stahlen. Im späten Sommer und in der Heuschreckenzeit fressen sie Käfer, Larven und Insekten. In steinigen Gebieten springen sie mit den Vorderpfoten auf Steine oder ins Laub und fangen so Schlangen und Eidechsen. In feuchten Gebieten stehen auch Frösche, Fische und Wassertiere auf ihrem Speiseplan. Wenn sie die Nahrungskette hinaufgehen, zählen sie zu den effizientesten Jägern von kleinen Säugetieren. Zu ihrer Beute zählen unter anderem Stinktiere, Oppossums, Otter, Hauskatzen und kleine Hunde. Sie konsumieren im Durchschnitt 10 Prozent ihres Körpergewichtes pro Tag. Im Notfall kann ein einzelner Kojote auch von drei Hasen alle zwei Tage überleben. Da aber Rehfleisch viel mehr Energie gibt, gehören Rehe zur Lieblingsspeise der Kojoten. Eine große Anzahl Rehkitze wird durch sie in den ersten Wochen ihres Lebens getötet. Unter bestimmten Bedingungen ist aber auch ein einziger Kojote in der Lage, ein ausgewachsenes Reh zu töten.

Die Zoologen Joel Berger und Rebecca Rudman verbrachten fünf Jahre in den Bergen von Nevada, um dort Wildpferde zu beobachten. Während dieser Studien näherten sich öfters Kojoten der Herde. Meistens ignorierten die Pferde die Tiere, oder der Leithengst machte ein paar drohende Sprünge auf sie zu und jagte sie fort. Die Zoologen stellten zwei bemerkenswerte Zwischenfälle fest: Einmal näherten sich zehn Kojoten (fünf davon erwachsene Tiere) der Pferdeherde. Die zwei größten Kojoten kamen bis auf 20 Meter an ein Fohlen heran, als sich die Stute den Raubtieren gegenüberstellte und Angriffsstellung einnahm. Die Kojoten zogen sich ein wenig zurück und begannen dann im Chor zu heulen. Mit der Stute und ihrem Fohlen an der Spitze setzte sich die Herde in Bewegung und galoppierte davon. Die Kojoten folgten nicht.

Das einzige Pferd, das tatsächlich von den Beutegreifern gerissen wurde, war ein Fohlen, das mit so schwerer Missbildung geboren worden war, dass es nicht einmal aufstehen konnte. Zwei Tage nach der Geburt schien die Mutter des Fohlens das Interesse zu verlieren, und der Leithengst führte die Herde von dem verkrüppelten Fohlen fort. In weniger als einer Stunde hatten die Kojoten das Fohlen getötet und mit dem Fressen angefangen.

Eine weitere bemerkenswerte Geschichte zeugt von der hohen Intelligenz dieser Tiere, besonders wenn es um Einfälle hinsichtlich der Futterbeschaffung geht: Dr. Paul Paquet, Biologe und Wolfsforscher im Banff-Nationalpark, berichtet davon, wie sich die Kojoten den Bau der Wildschutzzäune, die den Highway im Park eingrenzen, zunutze gemacht haben. Paquet hat beobachtet, wie Kojoten im Rudel die Bighornschafe in den Zaun trieben und dann töteten. Diese relativ einfache Jagdmethode wurde von den Kojoten so oft ausgeübt, dass die Anzahl der Bighornschafe im Nationalpark stark zurückging.

Es gibt eine bestimmte Qualität und einen gewissen Stil der Kojoten, wenn sie auf die Jagd gehen. Menschlich ausgedrückt könnte man sie mit einem Pokerspieler vergleichen. Kojoten studieren objektiv jede Bewegung ihrer ausgewählten Opfer, suchen ein Zeichen von Schwäche und scheinen fast einen Plan zu machen und ihre Chancen abzuwägen. Erst wenn alles stimmt, versuchen sie den Angriff.

Die Indianer verehrten darum auch den Kojoten wegen seiner Schlauheit, List und Intelligenz, seines Elans und seiner Freiheit. In einigen ihrer Mythen und Legenden war der Kojote der „Hund Gottes", ein außergewöhnlich scharfer Beobachter, vom Himmel gesandt, um die weltlichen Angelegenheiten zu beobachten und seinem Meister zu berichten.

Viel ist über Wölfe geschrieben worden, nur sehr wenig dagegen über Kojoten. So wurde erst relativ spät etwas über das Sozialverhalten dieses in Nordamerika so weit verbreiteten Tieres bekannt. Der Kojote präsentiert sich als ein sehr familienorientiertes Tier, das in seinem Verhalten sehr hundeähnlich ist.

Kojotenwelpen spielen mit Spielzeug, wie zum Beispiel alten Knochen oder Fellstückchen, sie spielen Fangen, und die Erwachsenen sind liebevoll und geduldig mit ihren Jungen. Wenn auch Kojoten nicht in hoch strukturierten Rudeln leben wie die Wölfe, so sind sie doch sehr wählerisch mit ihren Partnern. Einige treffen ihre Wahl im jungen Alter von sechs Monaten. Die verschiedenen Erwachsenen, männlich und weiblich, teilen sich die Aufgabe der Welpenaufzucht, und sie sind ständig aufmerksam möglichen Gefahren gegenüber. Ihr Sozialsystem baut sich auf einer strikten Hierarchie auf, in der jedes Mitglied der Gesellschaft eine dominante oder untergeordnete Position hat. Dominante Rüden bewachen ihr Territorium mit Leidenschaft, und Eindringlinge werden rau behandelt. Ein Farmer in Oregon berichtete: „Ich sah einen großen Rüden, der von zwei kleineren Kojoten zusammengerauft und aus dem Feld herausgeleitet wurde. Er wusste, dass er sich auf fremden Gebiet befand, und machte keine Anstalten, sich zu verteidigen." Sie haben eine Art „Dialekt" in ihrer Sprache, mit dem sie anderen Gefahr signalisieren, nach Informationen fragen oder um Hilfe rufen. Anders als Wölfe, die sich als Rudeltiere einer wesentlich vielfältigeren Körpersprache bedienen, haben Kojoten weniger Gesichts- und Körpermimik. Dafür unterscheidet sich ihr Heulen ebenfalls von dem langgezogenen tiefen Heulton der Wölfe. Ein hohes Jippen, Bellen und Schreien klingt gelegentlich wie der Gesang einer heiseren Primadonna und lässt sich auf sehr weite Entfernung deutlich vernehmen.

Weil sie essen müssen, um zu überleben, ernähren sich die Kojoten auch von Haus- und Nutztieren, wenn sich die Gelegenheit bietet. Westliche Rancher – und ganz besonders die Schafzüchter – behaupten, dass sie die meisten ihrer Lämmer durch Kojoten verlieren. Wildbiologen jedoch sind anderer Meinung. Randall Riggs, ein Spezialist für alle wilden Kaniden: „Kojoten richten längst nicht so viel Schaden an, wie behauptet wird. Die meisten Tötungen geschehen im Frühjahr, wenn die Weibchen nach Nahrung für ihre Jungen jagen. Dann werden sie unverfroren. Abgesehen davon sieht man sie überhaupt nicht."

Aber der alte Hass stirbt langsam. Und trotz aller Forschungsergebnisse hat der Hass gegen den Kojoten noch nicht einmal begonnen zu schmelzen. Zu viele machtvolle Faktoren – wirtschaftlich, politisch, psychologisch – halten die Zügel des Schicksals.

Der Krieg gegen die Kojoten begann am Anfang unseres Jahrhunderts. Die ersten nichtindianischen Siedler im Westen, die Pelzjäger, Händler, Soldaten und dann die Rinderzüchter kamen noch relativ gut mit den Beutegreifern aus. Diese näherten sich gelegentlich einem Camp oder töteten ein verirrtes Kalb, aber ihre Beutezüge wurden akzeptiert und hingenommen, schienen sie doch oft nur allzu menschlich. Doch diese Zeit des relativ guten Gefühls ging abrupt vor einem Jahrhundert zu Ende. Seitdem ist der Kojote Staatsfeind Nummer eins unter den einheimischen Tieren.

Es begann damit, dass die Rinderzüchter mehr Wettbewerb von anderen landwirtschaftlichen Interessengruppen erhielten, insbesondere von Schafzüchtern. Kojoten wandten sich den Schafen zu – und die Schafbesitzer den Kojoten. Die machtvolle Schafzüchter-Lobby verlangte im amerikanischen Kongress, dass die Regierung ihnen bei der Lösung ihrer Probleme behilflich sei. Das Ergebnis war die Einrichtung einer Regierungsagentur des Landwirtschaftsministeriums, die heute unter dem Namen „Animal Damage Control“ (ADC) bekannt ist. Ihr unterstehen 600 Angestellte, und sie verfügt über einen jährlichen Haushalt von 25 Millionen Dollar. Die ADC kontrolliert eine Anzahl von Tieren mit Gewehren, Giften und Fallen, doch ihr Hauptopfer unter den Säugetieren ist der Kojote. 1988 töteten die Beamten allein 76 050 Kojoten. Privatpersonen und lokale Behörden löschten noch einmal 352 799 von ihnen aus. 1991 betrug die Kojotentötungsrate der ADC 91 222 Tiere. Man schätzt, dass in diesem Jahrhundert etwa 20 Millionen Kojoten „kontrolliert" worden sind.

Jedoch sind die Opfer der ADC nicht nur Kojoten, sondern auch andere Spezies wie Waschbären, Füchse, Vögel , Nagetiere – und unglücklicherweise auch Tiere wie Adler, Habichte, Hunde und Katzen, die unbeabsichtigt ein vergiftetes Stück Fleisch fressen oder in einer Falle landen.

Gift ist eines der umstrittensten Werkzeuge zur Kojotenvernichtung. Während der vergangenen Jahre gab es einen ständigen Kampf zwischen Tierschützern und der Nutzviehindustrie um den Gebrauch von Gift. Die Tierschutzorganisationen sind darum besorgt, dass das Gift nicht nur zu einer überhöhten Tötung der Zieltiere führt, sondern auch noch andere Tiere tötet, wie den vom Aussterben bedrohten Weißkopfseeadler, und darüber hinaus ganz allgemein der Umwelt schadet.

Nach einem kurzen Sieg 1972, bei dem Präsident Nixon den Gebrauch von giftigen Chemikalien auf öffentlichem Land per Gesetz untersagte, erlaubte 1975 eine Ausnahmeverordnung den selektiven Gebrauch von M-44 mittels einer Vorrichtung, die Sodiumzyanid in den Mund des Raubtiers schießt, das an dem Köder zieht. M-44 darf nur unter der Aufsicht eines Regierungsbeamten benutzt werden. Personen, die Nutzvieh auf privatem Land halten, können bei der Umweltbehörde eine Lizenz zum Gebrauch von M-44 anfordern, wenn alle anderen Methoden der Raubtierkontrolle versagt haben. Hierzu müssen sie die Unwirksamkeit anderer Methoden dokumentieren, dann einen Trainingskurs absolvieren und ein Examen bestehen, bevor sie die Lizenz erhalten. Wegen dieser strengen Bestimmungen und dem schwierigen Zugang zu Chemikalien benutzen nicht viele Schafzüchter diese Kontrolle. Viele Rancher benutzen darum andere Mittel illegal – insbesondere das Gift Compound 1080 (Sodiumfluoracetat), eine hochgiftigen Chemikalie, die tödliche Nebenwirkungen auch für Tiere hat, die sich von den vergifteten Raubtieren ernähren.

Im November 1979 wurde das Raubtierkontroll-Gesetz überarbeitet.

Der Abschuss aus der Luft ist immer noch erlaubt, insbesondere um die Tiere zu verscheuchen, und Fallenstellen ist eine der Hauptkontrollmethoden. Gestrichen wurde die widersprüchliche Praktik des „ denning“ (das Töten von Kojotenwelpen noch in der Höhle, meist durch verbrennen) sowie alle weiteren Forschungen mit Compound 1080. Die National Wool Growers Association (NWGA), eine Gruppe, die die Schafzüchter des Landes repräsentiert, hat aufs Schärfste gegen das neue Gesetz protestiert und wieder den Einsatz von Compound 1080 gefordert. Das Innenministerium dagegen bevorzugt nichttödliche präventive Kontrollmethoden, zum Beispiel, um die Raubtiere zu verschrecken. Bisher hatten Forschungen in diese Richtung jedoch nur wenig Erfolg.

Ob dieser teure und scheinbar endlose Krieg notwendig ist, und ob es sich lohnt, ihn fortzusetzen, ist schon seit langem ein Diskussionsthema. Schaf- und Rinderzüchter bestehen darauf, dass ihr Lebensunterhalt abhängig von der Kontrolle der Kojoten ist. Ihr Ziel ist es, ihr Land frei von jeder Art von Beutegreifern zu haben. Das meiste dieses Landes jedoch, auf dem die Schaf- und Rinderzüchter ihre Tiere weiden, ist öffentliches Land und gehört jedem einzelnen Bürger der Vereinigten Staaten. Die Rancher pachten nur das Land von der Regierung als Weideland. Der Kojote ist ein weiterer, eingeborener „Einwohner“ dieses öffentlichen Landes. Einige dieser Kojoten werden weiterhin Schafe töten, besonders Lämmer, ein Problem, das noch durch die verteidigungsarme Natur des Hausschafes verstärkt wird.

Die American Sheep Industry Association (ASIA) repräsentiert 114 000 Schafzüchter in den USA, 75% davon mit Ranchen in den westlichen Gebieten. „Unsere Züchter verlieren jährlich 15% ihrer Tiere an Raubtiere“, sagt Janice Grauberger, Direktorin der ASIA, „und 70% ihrer Lämmer. Diese Leute versuchen nur, ihren Lebensunterhalt zu verdienen. Und wir brauchen dazu die Mittel, die notwendig sind, um die Wildtiere zu kontrollieren.“

Die Regierung bemüht sich inzwischen um alternative Methoden der Raubtierkontrolle. Eine sehr wirkungsvolle Methode ist der Einsatz von Herdenschutzhunden, die in Europa bereits seit Jahrhunderten wirksam gegen Raubtiere eingesetzt werden. Farmer, die diese Hunde bei ihren Herden halten, konnten einen Rückgang der Tötungsrate um 90% verzeichnen. Weitere nichttödliche Kontrollmethoden sind unter anderem Elektrozäune, Sirenen oder das nächtliche Einsperren der Herden.

In Anbetracht der Geschichte der Anti-Kojoten-Kampagne bemerkte

Larry Thomas, ein ADC-Wildbiologe, kürzlich: „Wenn auch gelegentlich die Anzahl der Kojoten an verschiedenen Stellen kurzfristig zurückgegangen ist, so hatten wir doch überhaupt keinen Einfluss auf die Kojotenpopulation im Ganzen. Während wir Menschen einen verzweifelten Krieg gegen diese Kaniden führen, haben wir im Endeffekt das Gegenteil erreicht. Viele Raubtiere, die historisch Konkurrenten für den Kojoten waren, sind von uns Menschen vernichtet worden. Wir haben einige der traditionellen Nahrungsquellen des Kojoten zerstört und ihm gleichzeitig – durch unsere landwirtschaftlichen und Abfall-Praktiken – wieder ein neues Nahrungsangebot angeboten."

Ebenso wie bei anderen Tieren unter ähnlichen Umständen steht die Populationsdichte der Kojoten in direktem Zusammenhang mit dem Nahrungsangebot. Wenn die Tiere in einem bestimmten Gebiet reduziert werden und damit wieder mehr Nahrung zur Verfügung steht, produzieren sie mehr Welpen in früherem Alter. Wenn sie stark bejagt werden, steigt die Wurfzahl von durchschnittlich vier Welpen im Normalfall auf sieben bis neun Welpen. Darüber hinaus werden die intelligenten Tiere in den Kontrollgebieten gegenüber den Tötungsmethoden immer vorsichtiger. Kojoten neigen dazu, aus Gebieten, in denen sie verfolgt werden, abzuwandern. Viele Jahre lang lag die Heimat des Kojoten hauptsächlich westlich des Mississippi, vom heutigen Zentral-Mexiko bis in die südlichen Prärieprovinzen Kanadas. Im frühen 19. Jahrhundert breiteten sie sich dann weiter aus nach Süden bis Costa Rica und in den Norden nach Kanada und Alaska. Dies war das direkte Ergebnis des Yukon-Goldrausches. Den Tausenden von Goldsuchern folgten Kojoten, die sich von den Kadavern der toten Pferde und Kälber ernährten, die es auf den kalten Pfaden im Überfluss gab.

Während der letzten 80 Jahre geht die Haupt-Kojotenbewegung in Richtung Osten auf die Atlantikküste zu. So haben zum Beispiel 1980 Fallensteller in Mississippi

1.200 Kojoten gefangen, drei Jahre später waren es schon 20.000, und augenblicklich wird ihre Population in diesem Staat auf über 200 000 geschätzt.

Die Kojoten im Nordosten Amerikas unterscheiden sich messbar von ihren Verwandten im Westen oder Südwesten. Rüden wiegen durchschnittlich etwa 35-40 Pfund, gelegentlich sind sogar bis zu 55 Pfund schwere Tiere gefunden worden. Die Weibchen wiegen zwischen 30 und 35 Pfund. Ihre Verwandten im Westen und Südwesten dagegen sind etwa 20 bis 30 Prozent leichter. Außerdem sind östliche

Kojoten ein wenig dunkler in ihrer Farbe und haben einen etwas größeren Schädel.

Warum sich diese Tiere so sehr voneinander unterscheiden, erklären Zoologen dadurch, dass die östlichen Kojoten eine bedeutend größere Anzahl von Wolfsgenen haben. Man nimmt an, dass die ersten Tiere, die ostwärts wanderten, durch Minnesota und Wisconsin zogen und dort, ebenso wie im nördlichen Michigan und im südlichen Ontario, auf die dort lebenden wenigen Wölfe trafen. Da die Tiere den gleichen sexuellen Zyklus haben und möglicherweise Partner ihrer eigenen Spezies rar waren, legten sie ihre ursprünglichen Feindseligkeiten beiseite, paarten sich und zogen Welpen auf. Die Abkömmlinge dieser Welpen wanderten dann weiter ostwärts. Diese Theorie wird unterstützt durch bemerkenswerte Ähnlichkeiten in der Körpergröße und im Skelett.

Auch im Osten stieg die Zahl der Kojoten an, besonders da ihre bevorzugten Jagdgebiete – Felder, Wiesen und Parks, gelegentlich durchbrochen von kleinen Wäldern oder Buschwerk – hier noch relativ unbesiedelt sind. Einen interessanten Aspekt haben Forstwissenschaftler herausgefunden: es scheint so, als ob es seit der Ankunft der Kojoten sehr viel weniger streunende Katzen und Hunde in den ländlichen Gebieten gibt. Dies wird auch aus anderen Gebieten im Osten gemeldet. So gibt es zum Beispiel eine gesunde Kojotenpopulation in den Slums und Vorstädten von New York City. Hier kamen die meisten Beschwerden über die Räuber von Leuten, die glaubten, dass ihre Hunde oder Katzen Kojoten zum Opfer gefallen sind.

Dennoch sieht die Bevölkerung die Tiere gerne in ihrer Nähe. Besonders die Obstanbauer würden es gerne sehen, wenn Kojoten mehr Rehe reißen, die eine Plage für ihre Plantagen sind. Dies wiederum ruft die Sportjäger auf den Plan, fürchten sie doch nun ihrerseits um ihre Beute. Darum wurde eine großangelegte Studie über die Kojote/Reh-Beziehung in Auftrag gegeben, um herauszufinden, welchen Einfluss der Beutegreifer auf die Wildtiere hat. Das Ergebnis ist, dass Kojoten zwar Rehe töten (normalerweise kranke und schwache Tiere im Winter oder Rehkitze im Frühling), dass sie sich jedoch meistens von den Kadavern der Tiere ernähren, die auf natürliche Art und Weise gestorben oder von Jägern getötet und nicht mitgenommen worden sind.

Auch hier, wie im Westen, sind die Hauptnahrungsgrundlage der Kojoten Nagetiere. Die einzigen Beschwerden, mit Ausnahme von Hundebesitzern, die die Forstbehörde über Kojoten bekommen haben, waren von Schafzüchtern, die sich um ihre Tiere sorgen. Diesen rät die

Behörde, sich um einen besseren Schutz für ihre Tiere zu kümmern. „ Grundsätzlich müssen wir lernen, uns den Kojoten anzupassen, so wie sie sich uns anpassen", sagt Arnold Hayden, Wildbiologe in Pennsylvania. „Dagegen wehren sich natürlich die Leute, die lieber die Natur bekämpfen, statt herauszufinden, wie man mit ihr lebt."

Bisher gibt es im Osten der Vereinigten Staaten noch keine Pläne für ein Kojoten- Kontroll-Programm. „Wirtschaftlich gesehen vernichten sie Schafe, Gänse und Hühner. Vielleicht wird das wieder ausbalanciert durch die Mäuse, Waldmurmeltiere und auch streunende Katzen und Hunde, die sie fressen. Außerdem sind sie keine Gefahr für die Jäger, weil sich die Zahl der Rehe, Truthähne und Kaninchen seit ihrer Ankunft entweder erhöht oder stabil geblieben ist", sagt Hayden. „ Dagegen versuche ich den Leuten zu erklären, mit welch klugen, widerstandsfähigen und unabhängigen Tieren wir es hier zu tun haben. An den Kojoten gibt es eine Menge zu bewundern. Wir sollten froh sein, dass sie da sind."

Der Kojote ist kein beliebtes Tier. Sogar der Wolf hat mehr Freunde. Aber der Wolf war im Gegensatz zu seinem kleinen Bruder niemals in der Lage, sich so anzupassen, dass er trotz ungebrochener Verfolgung immer wieder zurückkommt – und das in größerer Zahl als jemals zuvor. Und im Gegensatz zu den Tieren, die die Unterstützung des Menschen zum Leben haben, muss sich der Kojote auf seine eigenen Überlebensmittel verlassen, die er im Überfluss besitzt.

Traditionell hat sich unsere Beziehung zur Natur aus dem Glauben entwickelt, dass sie formbar sei. Um unsere Wünsche und Bedürfnisse für den Augenblick zu befriedigen, glauben wir, dass wir sie kontrollieren können, wann und wie immer wir wollen mit vorhersehbaren Konsequenzen. Keine Kreatur demonstriert dies mehr als der Kojote.

*(Wolf Magazin 2/94)*

## Die Tierdarsteller in „Der mit dem Wolf tanzt“

World Pet Society

Fast jede Szene dieses Films enthält irgend eine Art von Tierdarstellung. Die spektakulärste Szene war die Büffel-Stampede. Die vier Minuten lange Filmszene benötigte acht Tage Drehzeit. An dieser riesigen Stampede und Jagd waren 3.500 echte Büffel beteiligt. Durch einen Staubnebel gefilmt lagen falsche und echte Büffel im Vordergrund und Hintergrund verstreut. Büffel, die aussahen, als seien sie von einem Pfeil getroffen, hatten in Wirklichkeit Teile von Pfeilen an ihrem Fell befestigt. Wenn Sie genau hinschauen, wie die Kameras positioniert sind und wo jede Szene geschnitten ist, dann werden sie bemerken, wie eine solche dramatische Szene entsteht, ohne ein Tier zu verletzen.

Das Hinfallen und die Zusammenstöße während der Stampede wurden von 23 künstlichen Büffeln dargestellt, die für 250 000 $ hergestellt wurden. Diese „Stunt“-Büffel laufen auf Schienen, um dann zusammenzustoßen und zu fallen und den Eindruck zu erwecken, als breche ein echter Büffel zusammen. Andere künstliche Büffel wurden von der Ladefläche eines LKW geworfen, während Kameras lediglich den Fall auf den Boden filmten. Die Szene, in der ein Büffel und ein Pferd zusammenstoßen, wird dargestellt von einem ausgestopften Büffelkopf, der von einem Mann gehalten wird.

Obwohl der Büffel, der das Indianermädchen angreift, echt ist, hält die Kamera die Zuschauer zum Narren. Dieser Büffel ist ein zahmes Tier, das los rennt, um sein Lieblingsfutter – ein Plätzchen – zu holen. Was dann erschossen wird und auf dem Boden liegt, ist ein mechanischer, künstlicher Büffel, der seinen Kopf hebt und dann noch einmal „ erschossen“ wird.

Eine grausame Szene des Films zeigt ein Feld mit Büffelkadavern, nachdem weiße Jäger die Herde abgeschlachtet haben. Jeder einzelne Kadaver wurde aus Schaumstoff hergestellt.

Wie bei den meisten Tierdarstellungen wurde die Titelrolle des Films von zwei verschiedenen Wölfen gespielt. Da keiner der beiden heulen wollte, stellte noch ein dritter Wolf den heulenden Wolf in der letzten Szene dar. Um den Effekt entstehen zu lassen, dass der Wolf in seine Hinterbeine geschossen und getötet wird, wurde ein Wolf gefilmt, der versuchte, aufzustehen, obwohl er an den Hinterfüßen angebunden war. Ein ausgestopfter Wolf stellte den toten Wolf dar.

Die fallenden Pferde wurden von hierfür speziell trainierten Pferden gespielt. Wenn es so aussieht, als ob ein Pferd angeschossen und getötet wird, dann spielt es eigentlich „hinlegen", kombiniert mit künstlichem Blut und Spezialeffekten als Schusswunde. Die toten Pferdekörper, die am Boden lagen, waren künstlich.

Aus Achtung vor der Ehrfurcht der Indianer vor dem Adler wurden ausschließlich falsche Adlerfedern benutzt.

Die amerikanische Tierschutzgesellschaft American Humane Association AHA war bei den Dreharbeiten des Films anwesend und bestätigte, dass für den Film „Der mit dem Wolf tanzt" keine Tiere verletzt oder getötet worden sind.

*(Wolves & Related Canids, Wolf Magazin Herbst 1991)*

## Sie wollen also Tiere für den Film trainieren?

Von Deborah Warrick

Haben Sie sich jemals gefragt, wie es wohl ist, Tiere für die Filmindustrie zu trainieren? Ich hatte früher viel darüber nachgedacht, mit meinen Wölfen in fremden Ländern zu arbeiten, meinen Namen auf dem Filmabspann zu sehen usw. usw. Nun, im Dezember hatte ich die Gelegenheit, einen solchen Traum zu erleben, einen Traum, der sich zum Alptraum entwickelte.

Mein guter Freund und Tiertrainer Charlie Sammut von „Wild Things“ hatte einen Auftrag im südlichen Kalifornien. Sein kalifornischer Braunbär „Brandy“ sollte in einem Film mit dem Titel „Goldie“ spielen. Weitere Tiere, die in diesem Film spielten, waren Steve Martins Bär und sein Puma.

Ich war eingeladen, die Filmarbeiten, die etwa zehn Meilen von meinem Haus entfernt stattfanden, zu beobachten. Als ich am Drehort ankam, waren dort bereits zehn Leute beschäftigt, einschließlich der Kamera-Crew, dem Direktor, Trainer usw. Man drehte an einer einsamen Stelle im Malibu Creek State Park. Ich beobachtete, wie Steve Martin seinen Puma dazu ermutigte, auf einen umgefallenen Baumstamm zu klettern, langsam darauf entlangzugehen, gelegentlich anzuhalten, um das Holz mit seinen riesigen Vorderpranken durchzukneten. Ich dachte, wie leicht es doch aussah, diesen Puma zu trainieren. Ich fragte daraufhin Charlie, ob es auch Wölfe in dem Film gebe. Nun, eines führte zum anderen, und ich bot schließlich an, meine Grauwölfin Savannah zum Drehort zu bringen. Kostenlos natürlich, da dieser Film mit sehr niedrigem Budget gedreht wurde und ich kein professioneller Tiertrainer bin.

Ich lud eilig meinen Wolf Nakiska und meine Wölfin Savannah in meinen Toyota Pickup (ausgerüstet mit einem geschlossenen Camperaufsatz). Als wir am Drehort ankamen, teilte man mir mit, dass man den neuen Drehort verlegt hatte. Kein Problem – das heißt, bis ich den neuen Ort erreichte. Plötzlich hatte sich die kleine Crew, die ich vorher beobachtet hatte, in eine riesige Menge von anscheinend Hunderten von Menschen verwandelt, umgeben von Licht, Kamera, Wohnwagen und einem sehr, sehr großen Bären.

Nun sind die Wölfe, die ich mitgebracht hatte, sehr zahm und arbeiten auf meinem eigenen Grundstück sehr gut. Ich kann sie freilassen, und sie begrüßen begeistert Besucher, die zu Fotoaufnahmen zu mir kommen. Als ich jedoch Nakiska in dieser fremden Umgebung mit so vielen Zerstreuungen und so vielen Menschen auslud, verwandelte er sich in einen durchgedrehten Verrückten. Und da er sehr viel mehr wiegt als ich, brauchte ich all meine Kraft, um ihn festzuhalten. Ich lockte ihn zu einem Baum, um den herum er sich auch sehr schnell verwickelte, als er in die Luft sprang und nach den Zweigen schnappte. Ich hatte panische Angst, dass seine Kette zerreißen würde. Ich hatte Visionen von einem Kampf zwischen Bär und Wolf, von Gerichtsurteilen, verletzten Tieren usw. Mir dämmerte, dass ich einen großen Fehler gemacht hatte.

Savannah benahm sich nicht viel besser als Nakiska. Als Charlie für uns bereit war, versuchten wir, sie durch die Menge zu einem kleinen Hügel zu führen, wo sie munter herumtollen und sich an den Hauptdarsteller, Mr. T., anschmiegen sollte. Falsch! Sie drückte sich ängstlich auf den Boden, sie zog zurück, sie tat alles außer durch die Luft zu fliegen. Als wir den Hügel erreichten, bei dem wir filmen wollten, war sie völlig erschöpft. Wir setzten uns zu einem Baum, den Savannah sofort zu erklettern versuchte. Ich schaute mich um und sah – wie mir schien – Millionen ungeduldiger Gesichter, die uns anstarrten. Charlie und ich beschlossen, das Ganze zu vergessen. Da ich keine Kraft mehr hatte, bat ich ihn, Savannah zurück zum Auto zu bringen. Wieder hatte sie panische Angst.

Ich lud schließlich beide Wölfe ein und machte mit buchstäblich eingekniffenem Schwanz einen hastigen Rückzug vom Drehort. Aber das Drama war noch nicht zu Ende. Als ich aus dem Park fuhr, hörte ich ein Krachen. Ich schaute in den Spiegel und sah Savannah aus meinem Camper hängen. Sie war durch die Glasfenster des Campers gesprungen, hatte sie zerbrochen und versuchte zu fliehen, während sie noch immer im Auto angekettet war. Ich warf mich in die Bremsen, sprang aus dem Auto und hielt sie fest, damit sie mich nicht erwürgte, während ich die Kette im Inneren des Autos los machte. Dann trug ich sie, manövrierte ihren 100 Pfund schweren Körper und mich selbst erneut in den Camper und kettete sie noch einmal an. Diesmal mit einer kürzeren Kette. Dann hoppelte ich nach Hause.

Die Moral dieser Geschichte: Nur weil Dein Wolf oder Hybride sich zu Hause ausgezeichnet benimmt, höflich zu Fremden ist und sich auch sonst wie Lassie verhält, bedeutet das nicht, dass sich seine kontaktfreudige Natur nicht in reinen Terror verwandeln kann, wenn er einmal aus seinem vertrauten Territorium heraus ist. Tiertrainer müssen mit ihren Tieren *jeden* Tag arbeiten, ohne Ausnahme. Wölfe und andere Exoten werden täglich ausgefahren, in Vergnügungsparks und andere öffentliche Plätze gebracht, damit sie sich daran gewöhnen, in ungewohnter Umgebung und unter den Blicken von Menschen, unter Licht und mit Ausrüstung zu arbeiten. Jeden Tag, nicht nur einmal pro Woche.

Und so lernte ich eine wertvolle Lektion und hatte sogar die Gelegenheit, mein gerade erworbenes Wissen in der nächsten Woche anzuwenden. Die Rockgruppe „New Forest" wollte meine Wölfe in einem Rock-Video für ihren Hit „Bad Dog" benutzen. Ich sagte zu unter der Voraussetzung, dass das Video auf meinem Grundstück gefilmt wurde. Die Dreharbeiten dauerten fünf Stunden. Am Anfang waren meine Wölfe sehr nervös, aber nach etwa einer Stunde arbeiteten sie sehr gut mit und ohne Leine. Haltet Ausschau nach „New Forest" auf MTV, und denkt zweimal darüber nach, bevor Ihr Eure Tiere dem Film anbietet!

*(Deborah Warrick ist Herausgeberin der Zeitschrift „Wolves & Related Canids" und lebt mit ihren Wölfen allein auf einer einsamen Ranch bei Los Angeles. WRC, Spring 1994)*
*(Wolf Magazin 2/1995)*

## Wenn das kein Glück ist...

Im Leben gibt es Gewinner und es gibt Verlierer. Wenn Sie diese Geschichte gelesen haben, können Sie selbst entscheiden, in welche Kategorie Mike Young fällt.

Young ist in der Wildnis zu Hause. Er war Goldsucher und hat sich in einer unbewohnten Gegend von Alaska niedergelassen, um eine Fallenlinie zu unterhalten. Dieses Jahr jedoch war keines seiner besten.

Während er von seinem Camp in den Darby Mountains nach Nome wanderte, traf Young plötzlich auf eine Grizzly-Bärin mit drei Jungen. Da er nicht genug Lärm gemacht hatte, um die Bären auf sich aufmerksam zu machen, entdeckte er sie erst, als sie nur noch etwa 15 Meter entfernt waren. Er griff nach seinem Gewehr, kam aber nicht dazu, es abzufeuern, da die Bärin bereits über ihm war. „Ich habe versucht, sie noch zu erwischen, aber sie war zu schnell", sagt Young. „Nun bin ich schon ziemlich groß, aber diese Bärin war noch größer als ich. Sie rannte zu mir, warf mich nieder und schlug mir das Gewehr aus der Hand." Die Bärin biss ihn in die Hand. Young behauptet dann, dass er tot gespielt habe, während die Bärin ihn mehrmals angriff und mit ihren Pranken nach ihm schlug, ihn aber verfehlte. Die Bärin stellte sich dann auf die Hinterbeine und erhob sich zu ihrer eindrucksvollen Höhe von 2,50 Meter und stieß ein langes Knurren aus.

In diesem Augenblick beschloss Young ein wenig „Inter-Spezies-Kommunikation" auszuüben. Er sagte, dass der Bär „besorgt" aussah, vermutlich weil Youngs Hund zu dicht an den drei Bärenjungen war. Young sagte, er sprach mit der Bärin „Ist schon gut, Mama", nicht einmal, sondern zweimal. Anscheinend spürte die Bärin nun, dass es sich hier um einen sensitiven, fürsorglichen Mann der 90er Jahre handelt, der es nicht verdiente, dass man ihn in Stücke riss. Sie zog sich zu ihren Drillingen zurück und verschwand. Zurück blieb Young, der mit einer Wunde aus der Wildnis heraus wanderte, die recht beeindruckend war für einen Mann, der gerade eine sehr enge Umarmung mit einer halben Tonne ärgerlichem Grizzly hinter sich hatte.

Young verteidigt seine Entscheidung, den Grizzly nicht zu erschießen: „Ich glaube, es war gut, nicht zu schießen. Sie kam so schnell auf mich zu. Wenn ich nur ein Bowie-Messer gehabt hätte... nun, das ist der wilde Mann in mir."

Ja, richtig!

Nun, wenn dies die einzige, unheimliche Begegnung von Mr. Young gewesen sein sollte, dann hätte er vielleicht sein Pech vergessen können. Aber diese war nur auf die Ursus-Art beschränkt gewesen.

Während er im Süden von Alaska wanderte, traf Young auf ein Rudel Wölfe. Sie waren anscheinend nicht so liebenswürdig wie Youngs Grizzly-Freundin und kamen näher. Young erzählte, wie das Rudel ihn einkreiste, und dass er und der Rudelführer sich gegenseitig in die Augen sahen, vermutlich, so nehme ich an, wie Dirty Harry einige niedere Wesen anstarrt, kurz bevor er sie in Millionen kleinen Stückchen in die Ewigkeit schickt. Und gerade in diesem dramatischsten aller Augenblicke, so Young, übernahm Mutter Natur die Führung und es gab ein Erdbeben, dass die Wölfe in alle Richtungen auseinander stoben. „Es war das seltsamste, was mir jemals passiert ist", sagte Young, was hoffentlich eine Untertreibung war.

Zu dem Fluch des armen Menschen hinzu kam noch Anfang des Jahres ein Fall von Tuberkulose, die ihn nicht aus seiner Hütte kommen ließ.

Und schließlich, um allem noch die Krone aufzusetzen, bekam Young Besuch von den „blauen Jungs", deren Aufgabe es ist, den Bürger zu beschützen und ihm zu dienen. Scheint so, als ob Young seine Geschichte einer örtlichen Zeitung erzählt hatte, und er kurz darauf aufgrund eines ausstehenden Haftbefehls verhaftet wurde. Es scheint so, als ob gegen unseren Mountain Man hat zwei Anklagen wegen Verkaufs von Marihuana an Minderjährige vorliegen.

Ich bin mir sicher, dass Mr. Young jetzt gerade überlegt, ob er sich nun tot stellen soll, ob er sich sein Bowie-Messer herbeiwünscht, oder ob er lieber für ein Erdbeben betet.

*(Nome Nugget in WM 1/97)*